L. M. DE MARANCOUR

GUIDE PRATIQUE

D'EUROPE

AU RIO DE LA PLATA

PARIS — BUÉNOS-AIRES

EN VENTE SUR TOUS LES PAQUEBOTS

DES LIGNES D'EUROPE A LA PLATA

1883

GIMNASIO

193 — Calle Florida — 193

Propriétaire: LOUIS MARTINIER

GRAND ÉTABLISSEMENT DE BAINS
HYGIÉNIQUES
SALLE D'HYDROTHÉRAPIE

Douches et pluie d'eau tiède

Douches à trois atmosphères

GRAN CAFÉ DU *GIMNASIO*
CONCERT AU PIANO TOUS LES SOIRS

L. M. DE MARANCOUR

GUIDE PRATIQUE
D'EUROPE AU RIO DE LA PLATA

MADÈRE, TÉNÉRIFFE, SAN-VICENTE
DAKAR, PERNAMBUCO, BAHIA, RIO-DE-JANEIRO
MONTEVIDEO, BUENOS-AIRES

AVEC

UN PLAN DE BUENOS-AIRES ET UNE CARTE OCÉANIQUE

Longitudes — Latitudes — Distances

ÉDITION FRANÇAISE

PARIS. — BUENOS-AIRES

EN VENTE A BORD DE TOUS LES PAQUEBOTS
DES LIGNES D'EUROPE A LA PLATA

1883

LIBRAIRIE LITTÉRAIRE
247 — Cuyo — 247

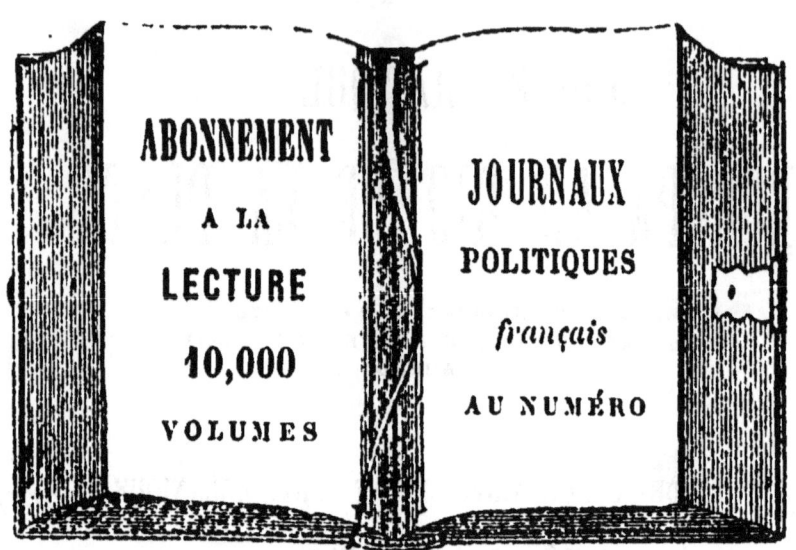

ABONNEMENT A LA LECTURE 10,000 VOLUMES

JOURNAUX POLITIQUES français AU NUMÉRO

ARTICLES DE BUREAU
LIVRES D'OCCASION
VENTES, ÉCHANGES, ACHATS

LA COMERCIAL
IMPRESSIONS EN TOUS GENRES
Cartes de visite
Memorandum, Factures, Circulaires, etc., etc.

LIVRAISON DANS LES 24 HEURES

Spécialité de papier de fantaisie et grand choix de cartes en cromo-lithographie

247 — CUYO — 247

A BORD

Lorsque l'on a décidé de s'expatrier, on doit, avant toute chose, viser à connaître le pays nouveau où l'on compte fonder une maison ou planter sa tente.

C'est pour satisfaire cette curiosité si légitime, que nous nous sommes appliqués à condenser, en quelques pages, les renseignements et documents propres à diriger l'émigrant durant ses premières étapes. Capitalistes ou travailleurs, le portefeuille bien garni, ou seulement possesseurs de deux robustes bras, tous ne sont-ils pas des émigrants en quête de la richesse ou du mieux être ? Donc personne ne doit s'embarquer qu'après avoir pris conseil d'un ami ayant habité le Rio de la Plata, ou, à son défaut, être allé consulter les agents diplomatiques et d'émigration du gouvernement argentin. Exposez leur vos moyens d'action, vos projets, vos espérances. Leurs réponses seront d'utiles indications qui, plus tard, vous épargneront bien des tentatives infructueuses ou des pertes de temps. Ils sont d'ailleurs d'un aide immédiat, puisque, par eux, les émigrants besoigneux obtiendront de fortes réductions sur le prix des passages de troisième classe.

Nous ne pouvons indiquer ici leurs noms et adresses, mais il est facile de se les procurer aux bureaux des compagnies de navigation. Un passeport n'est pas indispensable dans la République Argentine, mais il sera d'une bonne recommandation près du Consul de votre nation. Le faire viser au Consulat argentin.

Les saisons, dans l'hémisphère sud, étant complétement à l'opposé de celles de l'autre partie du globe, le voyageur prévoyant fera donc bien, s'il part en été d'Europe, de se munir de vêtements d'hiver, et s'il quitte Buenos-Aires en pleine canicule, au mois de janvier, d'emporter des fourrures.

Deux mots sur ce que l'on doit conserver à bord avec soi, car les bagages iront dans une cale, d'où ils ne sortiront qu'une fois par semaine.

Le voyageur de première classe gardera dans sa cabine : tous ses objets de toilette, eau de Lubin, etc., linge de corps pour huit jours au moins, pantoufles, costumes légers, chapeau de panama ou manille, une lorgnette marine, un fauteuil-bascule, un briquet, les allumettes étant interdites à bord, provision de cigares, tabac, papier, livres qu'on échangera entre passagers, une grammaire, dictionnaire et Manuel de conversation (français-espagnol).

L'émigrant des troisièmes se munira également d'un coffre, haut de 30 à 35 centimètres, afin de pouvoir être glissé sous la couchette. Il devra contenir du linge, des chemises de flanelle, un costume de toile et un vêtement d'hiver, peigne, brosses, savon, assiettes, gobelet et couvert en fer battu, un couteau, ciseaux, fil et aiguilles, un petit Manuel de conversation français-espagnol, afin d'étudier un peu la langue durant la traversée.

Si sa bourse le lui permet, j'engagerais l'émigrant à porter avec lui un matelas et une couverture de laine ; ces deux objets lui seront aussi utiles à terre qu'en mer.

La nourriture des passagers d'avant est généralement saine et abondante : Un quart de vin aux deux repas, café, etc. A la cantine, à des prix modérés, on peut se procurer du tabac, du vin, des œufs, un beeftack, etc.

Les visites du docteur ont lieu matin et soir. N'hésitez pas à avoir recours à lui, si vous vous sentez indisposé.

En cas de réclamation, se diriger au second du capitaine ; prompte justice vous sera rendue.

S'il survenait un accident, un malheur, exécutez aveuglément les ordres des chefs. La panique et l'insubordination ne peuvent qu'aggraver un danger réel ; le sangfroid peut seul vous sauver.

Sur ce, buvons ensemble le coup de l'étrier, et en route !

Bon voyage, bonne santé et bonne chance !

WITCOMB & MACKERN

PHOTOGRAPHES

208 — CALLE FLORIDA — 208

BUENOS-AIRES

MÉDAILLE D'OR

Premier prix de photographie
à l'Exposition Continentale, 1882.

SPÉCIALITÉ DE PHOTOGRAPHIES INALTÉRABLES

VUES DE BUÉNOS-AIRES

ET DES PRINCIPAUX POINTS DE TOUTES LES PROVINCES

DE LA RÉPUBLIQUE ARGENTINE.

D'EUROPE AU BRÉSIL

ET

AU RIO DE LA PLATA

Après s'être embarqué, soit à Anvers, au Havre, à Liverpool, Bordeaux, Gênes, Marseille, Barcelone ou Lisbonne, et avoir pris la haute mer, la première terre que l'on rencontre sur sa route est celle de Madère.

Iles Madère. — Possessions portugaises, formées d'un groupe de trois îles : Madeira, Porto-Santo et Desertas.

Sa population est de 110,472 habitants; sa superficie de 55,000 hectares.

FUNCHAL, capitale de l'Ile Madère, 39,651 habitants. Son climat est des plus tempérés; un grand nombre de malades atteints de phthisie y séjournent durant l'hiver.

Vin très renommé, mais dont la production a été

presque complétement arrêtée par la maladie de la vigne. On y cultive avec succès le blé et la canne à sucre.

Ne pas manquer de visiter l'hôpital, fondé par une princesse de Bragance. Point de vue admirable sur la rade.

On peut se procurer, à Madère, des broderies et dentelles très estimées, ainsi que des objets de marqueterie et de vannerie à très bon marché.

La descente à terre s'effectue en barques légères, qu'on est obligé de retenir sur la plage, lorsque le flot les y apporte. Coût : 2 francs, aller et retour.

La locomotion, en ville, est fort originale ; elle se fait en palanquins portés à épaules d'homme, et en traîneaux tirés par des bœufs à cornes recourbées.

Quelques heures avant d'arriver à Ténériffe, on aperçoit les *Salvages*, îlots rocheux, inhabités une grande partie de l'année. Quelques pêcheurs s'y aventurent durant la bonne saison.

Iles Canaries. — Possessions espagnoles, comprenant sept grandes îles : Gomera, Palmas, Hierro, Lanzarote, Gran Canaria, Fuerte-Ventura, Ténériffe, et six petites inhabitées.

La population totale s'élève à 257,069 habitants, et ne s'augmente pas depuis ce siècle, par suite d'une forte émigration vers le Venezuela et la république de l'Uruguay.

Santa-Cruz-de-Ténériffe, capitale, 13,600 habitants, possède un câble sous-marin la reliant avec le Brésil et l'Europe.

La grande richesse de cette île est la récolte de la cochenille, produisant près de 20,000,000 fr. Ses vins sont recherchés à l'égal du célèbre vin de Madère. Assez bons cigares pour le prix.

L'hôpital et la caserne sont les deux seules choses à voir. Il existe malheureusement encore, à Ténériffe, un certain nombre de lépreux, dont la plupart vont montés sur des ânes, portant au cou une clochette pour avertir du genre de cavalier qu'ils promènent.

La descente à terre, aller et retour, ne coûte que 2 fr. pour les passagers de première, et 1 fr. pour ceux de troisième. Joli môle d'embarquement et beau quinconce à sa suite.

On aperçoit de la rade, au sud-est de l'île, le sommet éternellement neigeux du pic de Ténériffe, haut de 3,710 mètres. Intéressante ascension à faire, mais qui exige deux jours au moins.

La Laguna, aristocratique petite ville de 10,241 habitants, à 5 kilomètres de Santa-Cruz, est un agréable but de promenade dans la montagne. Trois heures après, vous serez de retour. S'adresser à l'hôtel Richardson, pour une voiture dont la location ne dépassera pas 10 fr. La rade de Ténériffe est vaste et sûre. Chaque année, les escadres française, espagnole et anglaise y stationnent plusieurs mois, pour y faire des études d'évolutions maritimes et de balistique. Anciennement le méridien passait par la plus petite des Canaries : *Hierro* (Ile de Fer).

Iles du Cap-Vert. — Possessions portugaises, composées de six îles : San-Antonio, San-Vicente, Santiago, San-Nicolas, Sal et Boavista.

VILLA DE PRAIA, capitale, dans l'île de Santiago, 5,000 habitants. Excellent port, très commerçant.

SAN-VICENTE, chef-lieu de l'île de même nom. Point de relâche, très important par ses immenses dépôts de charbon minéral et de vivres frais, qui y sont importés de toutes les autres îles très fertiles, tandis que San-Vicente est aride, manquant d'eau. 1,864 habitants.

Pour 2 fr., aller et retour, vous irez à terre : 1 fr. pour les émigrants qui descendent en nombre dans la même barque ; mais il n'y a absolument rien à y faire qu'à visiter quelques cases de naturels d'un beau noir.

San-Vicente possède un câble télégraphique, ainsi qu'un arsenal suffisant pour réparer des avaries sérieuses.

Sénégal. — Colonie française sur la côte d'Afrique.

SAINT-LOUIS, capitale, 15,000 habitants. Commerce important en gomme, arachides, cuirs, amandes de palme, cire, ivoire, plumes et animaux vivants pour collections d'histoire naturelle et ménageries.

DAKAR. — Sur la presqu'île du Cap-Vert, à 7 kilomètres de Gorée, îlot fortifié qui protège la rade ; 1,100 habitants. Voir le jardin d'acclimatation, et visiter dans sa hutte Sa Majesté noire le roi de Dakar. Ne craignez pas de vous voir refuser dix sous par ce gracieux souverain : si vous ne les lui offrez pas, il saura vous les demander, et même votre chapeau avec, ou votre cravate.

La Compagnie française postale des Messageries Maritimes y entretient un entrepôt de charbon et de pièces de rechange en cas d'accident.

Pour aller à terre et en revenir, donnez 2 fr. au batelier ; celà suffit.

Prendre de grandes précautions pour éviter les insolations, fatales dans ces contrées torrides.

Les perroquets de Dakar parlent avec une grande facilité, et les singes, dits Boubous, peuvent devenir d'utiles serviteurs, à en juger par ceux qui vivent avec les soldats d'infanterie de marine.

Dans trois jours, vous serez sous la ligne. Ne redoutez pas le baptême qu'on faisait subir jadis à ceux qui franchissaient pour la première fois l'équateur. Il n'est plus d'usage de l'imposer ; mais vous avez le droit de baptiser vos compagnons de voyage avec du champagne, et d'envoyer quelques bouteilles de bon vin aux vigoureux camarades du gaillard d'avant.

Avant peu, vous perdrez de vue l'étoile polaire: mais vous trouverez la Croix du Sud, constellation de quatre étoiles dont deux très lumineuses. ...

Sous la ligne, les journées sont presque toujours pluvieuses par bourrasques. On traverse ce qu'on est convenu d'appeler : le Pot au Noir. Du calme et des averses.

Les nuits sont étouffantes ; gardez-vous cependant de dormir sur le pont, ou de laisser grand ouvert le hublot de votre cabine. Il y va de votre santé. Bien certainement le docteur sera de notre avis.

Brésil. — Nation de 10,196,000 habitants, sans compter les Indiens. Divisé en 20 provinces : Alto-Amazonas, Para, Maranhão, Piauhy, Ceara, Parahyba, Pernambuco, Alagôas, Sergipe, Bahia, Espiritu-Santo, Rio-de-Janeiro, Sâo-Paulo, Santa-Catharina, Sâo-Pedro de Rio-Grande-do-Sul, Parana, Goyaz, Matto-Grosso, Minas-Geraes, Rio-Grande-do-Norte, et, en plus, Rio-de-Janeiro qui est une cité neutre, capitale de l'Empire.

Le Brésil possède 7,920 kilomètres de côtes, 19 ports de long cours et 23 de cabotage ; 72 lignes de chemins de fer en exploitation mesurant 13,219 kilomètres. Son commerce extérieur est, en importation, de 440 millions de francs, et en exportation de 570 millions, qui se décomposent ainsi :

Café, 200 millions ; coton, 110 millions ; sucre, 75 millions ; cuirs secs et salés, 33 millions, caoutchouc, 21 millions ; tabacs, 19 millions ; tapioca et maté, 6 millions. Or, diamants, pierres précieuses,

13 millions ; bois de teinture et d'ébénisterie, 3 millions ; cacaos, 4 millions ; tafias, 4 millions ; plantes médicinales, animaux vivants, 2 millions, etc.

Son mouvement intérieur fluvial et de cabotage se chiffre par plus de 450 millions par an.

La langue nationale est le portugais.

Dom Pedro II, né le 2 décembre 1825, a été proclamé empereur le 7 avril 1851. Le pays est gouverné selon une constitution très libérale, par deux chambres : sénateurs et députés.

En allant de Dakar ou de San-Vicente à Pernambuco, on croise à 3°50' sud de l'équateur une petite île rocheuse, nommée Fernando Noronha, où sont internés les galériens de l'empire du Brésil.

La descente à terre, à Pernambuco, est des plus difficiles pour les voyageurs naviguant sur de grands vapeurs, dont le fort tirant les oblige à mouiller au large, dans une rade presque toujours agitée et semée d'écueils.

On devra donc ne traiter du passage, aller et retour, qu'avec des patrons de chaloupe bien connus du bord ; ne payer qu'au retour seulement, et suivant l'état de la mer, de 10 à 25 fr.

Sans ces précautions, on risquerait fort de rester à terre, à moins de consentir aux prix extravagants que vous imposeraient ces noirs bateliers.

Consulter à cet égard le capitaine ou le commissaire, et bien vous informer de l'heure du départ du paquebot.

Nous n'engagerons jamais un passager de troisième classe à descendre à Pernambuco, à moins que sa bourse ne soit bien garnie.

Observation importante. — A partir du moment où vous toucherez au Brésil, on ne compte plus qu'en reis ; 1,000 reis argent valent à peu près 2 fr. 60 ; c'est-à-dire que 20 fr. valent 7,800 reis, et une livre sterling 9,500 reis. Mais comme on vous échangera en papier, et que l'or fait prime, une livre peut valoir jusqu'à 11,000 et même 12,000 reis, et 20 fr., 8,500 à 9,000 reis. Il est bon de s'informer du cours près du commissaire, et de ne changer qu'au fur et à mesure de ses besoins.

Pernambuco ou encore Récife, port extrêmement commerçant en bois de construction, sucre, coton, cuirs et minerais d'or et de fer, renferme 116,000 habitants.

Chemins de fer et tramways desservent la ville et les environs. Vaste arsenal. Trois forteresses : Cinco-Puntas, Buraco et Brum. Beau théâtre de Santa-Isabel. Agence télégraphique de Havas. Grand café Suisse, Rua Florentina, n° 10 ; Hôtel de l'Europe, service et cuisine à la française.

Bahia ou São-Salvador, riche en produits tropicaux, particulièrement en café et tabac, mines de diamants et de pierres précieuses dans la province de même nom, 130,000 habitants.

Le prix, pour descendre à terre, est de 1,000 reis,

soit 2 fr. 60. Payez toujours au retour. Passagers d'avant, 500 reis.

Cette très pittoresque cité est sillonnée de tramways, et un ascenseur à vapeur fait communiquer la ville basse à la ville haute. Ne pas manquer cette ascension qui vous amènera à prendre le tramway pour le Jardin Botanique et l'avenue des Consulats. Belle vue sur la rade.

Les femmes noires et de couleur, de Bahia, parfois blanches comme du lait crémeux, sont réputées à juste titre pour leur beauté sculpturale.

Allez au marché le constater, vous y trouverez à acheter des cigares, pas trop mauvais pour le prix (de 5 à 25 fr. le 100), des fruits savoureux et frais, des singes miniatures : les ouistitis, qui n'ont que le tort de se laisser mourir aussitôt qu'on les transporte dans des latitudes froides, et des perroquets, dont le bavardage savant vaut le plumage, et ce n'est pas peu dire, vu que ce sont les oiseaux le plus richement vêtus de leur espèce. Les ouistitis valent 1,000 reis, et les perroquets jusqu'à 10,000. Si vous avez soif, allez vous rafraîchir à la Belle Jardinière, café Balalay, au bout de la grande rue du Commerce, presqu'à côté de la Douane et de la Poste. En voilà bien assez pour remplir une demi-journée, car je suppose que vous avez déjeûné à bord, et que vous y remonterez pour dîner.

Le lendemain du départ de Bahia, vers le 18ᵉ parallèle, vous devez entrevoir de grandes masses rocheuses, sur lesquelles la mer déferle avec furie : ce sont les îles Abrolhos ; jadis pour raccourcir la route, les vapeurs passaient entre les Abrolhos, mais les sinistres se sont tellement répétés que les navigateurs préfèrent perdre du temps que de profiter de ce périlleux passage.

Trente-six heures après, vous doublerez le Cap-Frio qui porte, sur une crête élevée, un phare de première grandeur, au haut d'une tour blanche qui se distingue d'une très grande distance.

Encore quelques heures, et vous jetterez l'ancre dans la baie de Rio-de-Janeiro.

Rio-de-Janeiro. — Capitale de l'empire du Brésil, 374,972 habitants, dont 48,839 esclaves ; bâtie sur la rive sud-est de la plus merveilleuse baie du globe ; le Bosphore, à Constantinople, seul peut lui être comparé.

L'entrée de cette immense rade, surtout, est impressionnante. Du côté droit, le fort de Villegaignon, de l'autre le Pão de Azucar, le pain de sucre. Rio-de-Janeiro est construit sur une série de collines dominées par une haute montagne : Le Corcovado.

La baie est parsemée d'îlots chargés de verdure, et l'un d'eux, près duquel votre paquebot doit être mouillé, a été utilisé pour en faire un arsenal maritime et un vaste dépôt de charbon.

Le château de San-Cristovão, à peu de distance de Rio-de-Janeiro, est la résidence d'hiver de l'Empereur qui, pendant l'été, habite Pétropolis, à 50 kilomètres de la capitale. Cette aristocratique petite ville est située sur un plateau très élevé, et entourée de montagnes. L'excursion en vaut la peine et l'argent, mais demande au moins deux jours ; on la fait en bateau, chemin de fer et voiture. Comptez sur une dépense de 100 fr.

De nombreux bateliers vous prennent et vous ramènent à bord pour 1000 reis (2 fr. 60), on n'est pas à un mille de terre ; mais si vous devez regagner le bord après huit heures, demandez à l'un des commissaires de la douane un permis, qui vous sera délivré gratis.

Dans tous les cas, que l'on reste à terre durant la nuit ou que l'on revienne à bord, avoir la précaution de se munir d'un pardessus, les soirées étant parfois froides et humides, par opposition à des journées d'une excessive chaleur.

Comme l'on stationne ordinairement deux ou trois jours à Rio-de-Janeiro, on peut voir le principal, en distribuant bien son temps.

Donc, descendre après déjeûner, suivre la rue où l'on débarque près de la Douane jusqu'à une large et grande rue dite : rua de 1° de Março, centre du haut commerce, des Banques, Sociétés de navigation, de la Bourse, de la Poste, jusqu'à une place dont l'un des côtés est occupé par le Palais impérial, peu monumental, et l'autre, celui de la mer, par un marché grouillant de négresses.

A mi-chemin, s'engager à droite dans la rua do

Ouvidor, artère essentiellement trafiquante et d'une exhubérante animation ; c'est là que vous trouverez l'hôtel des Frères-Provençaux, tenu par M. Moreau (chambres confortables, cuisine française excellente), et l'hôtel Ravot possédant des bains.

Pour la chambre et deux repas : 20 fr. Demander, si c'est la saison, des huîtres et des camarones. Le camaron est une grosse crevette d'un goût exquis.

Dans cette rua do Ouvidor afflue tout ce qui appartient à la vie des affaires et des plaisirs. Là, ainsi qu'aux alentours, ce ne sont que théâtres, cafés, brasseries, hôtels, stations de voitures et de tramways, étrangers conversant en divers idiomes, le français brochant sur le tout.

Les hôtels à recommander pour leur situation hygiénique et leur bonne tenue à des personnes voyageant en famille, sont : l'*hôtel des Étrangers* et l'*hôtel d'Angleterre* sur la praïa de Botafogo.

Les voyageurs de troisième classe, ou les émigrants, trouveront facilement des hôtels-restaurants de second ordre, quoique très confortables, où les prix sont abordables pour les petites bourses. Hôtel du Commerce, rua d'Aquitanda, 12 ; hôtel des Nations, rua Assemblea, une chambre, 2 fr. 50 ; le repas, 2 fr. 50 et 3 fr. Si les voyageurs de l'avant savent s'entendre, à Rio-de-Janeiro comme à Bahia, ils pourront, à 8 ou 10, obtenir une chaloupe aller et retour pour 4,000 reis (10 fr.).

Rio-de-Janeiro possède deux grands théâtres d'opéra : Dom Pedro II et Dom Pedro de Alcantara, et sept de second ordre : Le Gymnase, le Vaudeville, l'Alcazar Lucinda, Polythéama, le Phénix, etc.

A l'opéra un fauteuil coûte 10,000 reis, soit 25 fr. Les jours de gala le prix se double.

Au bout de la rua do Ouvidor, sur une place, la statue de Bonifacio Aguiar de Andrade, principal auteur de la Constitution brésilienne, est érigée devant l'École Polytechnique ; en poursuivant son chemin, et tournant à gauche, on arrive sur un magnifique square abondamment ombragé d'arbres tropicaux, au centre duquel on admire la gigantesque statue équestre de Pedro Ier. Au bas de la statue, le socle supporte quatre groupes représentant les quatre grands fleuves du Brésil : les Amazones, le Parana, le Rio-Grande et le Madeira. Ce chef-d'œuvre est sorti de l'atelier des frères Rocher, de Paris. Ceci vu, monter dans un des nombreux tramways (connus à Rio sous le nom de *Bonds*) qui serpentent dans la ville et ses faubourgs. Le prix varie, suivant la distance, de 100 à 200 reis (de 25 à 50 centimes).

S'informer, rua do Ouvidor, de celui qui conduit à Botafogo et de là au Jardin Botanique. D'ailleurs des écriteaux très apparents l'indiquent. Sur le parcours qui côtoie continuellement la mer jusqu'à Botafogo, ce n'est qu'une suite non interrompue d'élégantes villas enfouies dans des bosquets d'élégants palmiers et de fleurs odoriférantes aux brillantes couleurs.

Au loin on aperçoit deux magnifiques établissements ; l'hôpital de la Miséricorde qui compte 1,200 lits et celui des aliénés fondé par Dom Pedro II.

A Botafogo, changement de tramway pour se rendre en 20 minutes au Jardin Botanique. Une allée de gigantesques palmiers a consacré la célébrité de ce jardin luxuriant de végétation et rafraîchi par une pittoresque cascade dont les eaux s'élancent du mont Corcovado.

Un restaurant-café, en face du portail, peut vous offrir un dîner *à la fraîche* et à des prix relativement modérés : 15 fr. pour deux.

Ou vous avez décidé de regagner votre couchette du bord, ou vous avez retenu une chambre à l'hôtel. Dans ce dernier cas, si vous n'êtes pas entraîné au théâtre par une affiche attractive, le mieux est de s'offrir une flânerie dans le quartier de la rua do Ouvidor. Le spectacle des mœurs locales animées vaut bien l'autre, d'autant plus que vous pourrez vous reposer dans l'une des deux confiseries françaises, Déroche ou Cailtau, qui se partagent les clients par la bonne qualité de leurs consommations.

Seulement, imiter les Brésiliens, en supprimant la glace. Buvez du café, froid ou chaud, il est délicieux ; la bière nationale n'est pas mauvaise.

Le pays, quoiqu'on en dise, n'est pas absolument dangereux, mais il ne faut pas faire d'imprudences ;

un refroidissement peut être mortel ; fièvre et paralysie ne frappent que ceux qui les bravent.

Donc, bien se couvrir le soir, dormir dans une chambre close, bannir la glace et les alcools, porter continuellement un parasol, ne faire aucun excès, ni dans le travail, ni dans le plaisir.

Si l'on vous parle de fièvre jaune, répondez qu'à notre époque, c'est un mal connu que l'on combat aussi sûrement à Rio-de-Janeiro que l'on guérit le choléra à Paris.

Le lendemain, à la première heure, prenez un tramway, place Pedro Ier, qui vous conduira au pied de la montagne de la Tijuca.

Là, vous trouverez de légers breacks ou de rapides victorias. Pour une voiture à six places, 30 fr.; à deux places, 20 fr. On gravit la montagne sur une large route d'un parfait entretien et dont les zigzags offrent aux yeux éblouis d'admiration des panoramas toujours nouveaux de la ville et de la baie. Avant d'arriver au sommet, faites souffler vos chevaux devant l'hôtel Moreau, vous ne vous plaindrez pas de votre visite à cette maison de repos et bonne vie à laquelle sont annexés des bains munis de tous les appareils hydrothérapiques les plus modernes.

Encore une demi-heure et vous atteindrez le plateau supérieur de la Tijuca.

Dans une habitation rustique, quoique confortable, un succulent et délicat déjeûner vous sera servi ; mais avant de vous mettre à table, allez aux piscines et plongez-vous-y en guise d'absinthe. Les forces altérées par les fatigues d'une longue traversée, renaîtront aussitôt dans ces eaux vivifiantes.

A quatre heures vous pouvez être de retour en ville. Si le cœur vous en dit, faites-vous conduire en cabriolet (500 reis la course) à l'embarcadère du chemin de fer aérien de Santa-Théréza.

La locomotive escalade une rampe presqu'à pic, le plus souvent sur viaduc, grâce à un énorme câble d'acier qui se déroule à l'embarcadère supérieur sur un immense tambour, mû par la vapeur, qui fait ainsi monter et descendre par contre-poids deux trains de marche opposée. Des freins d'une sûreté absolue écartent tout danger.

De Santa-Théréza, nouveau point de vue fantasmagorique, celui de la ville éclairée par des milliers de becs de gaz et de la rade constellée d'une myriade d'étoiles et des doubles feux de centaines de vapeurs.

Avant de quitter Rio-de-Janeiro, n'oubliez pas d'acheter une canne de Pétropolis, gentil souvenir, qui ne coûte que 1,000 reis (2 fr. 50), ainsi que des oiseaux et des scarabées aux riches couleurs. Toujours rua do Ouvidor.

Vous ne serez pas sans avoir remarqué les nombreux vapeurs qui parcourent la baie en tous sens? Pour 200 reis, ces omnibus aquatiques desservent toutes les petites villes qui animent la rive jusqu'à Nictheroy, capitale de la province de Rio-de-Janeiro, cité très industrielle de 20,000 âmes.

Rio-de-Janeiro compte relativement peu de journaux quotidiens. Les principaux sont : Le *Jornal do Comercio*, le plus important ; la *Gazeta de Noticias*, le plus répandu ; le *Cruzeiro;* le *Globo;* le *Diario official do Imperio do Brazil;* le *Messager du Brésil.*

L'Imprimerie Nationale et la Fonderie en caractères, ainsi que les arsenaux de guerre et marine, sont des établissements qui peuvent rivaliser avec leurs similaires d'Europe.

La sortie de la rade de Rio-de-Janeiro, en allant à Montevideo, est aussi intéressante que l'entrée.

En venant on passe devant les Marécas, roches à fleur d'eau, causes de bien des naufrages ; en sortant, on navigue entre des îlots dont le plus grand porte un phare à son sommet.

Gagnant le large, on laisse à sa droite Santos, port très actif de la province de São-Pablo, au fond d'une baie dont l'entrée est facilitée par un phare construit sur l'île de la Moela.

Puis, ce sont les îles Santa-Catharina, qu'on aperçoit quelquefois ; Rio-Grande, du sud, dont l'accès est très pénible par suite d'une barre de sable mouvant.

Enfin l'on voit scintiller à l'horizon, d'abord un feu tournant, celui du phare du cap Santa-Maria ; puis le feu fixe de Maldonado, laissant à votre gauche l'île Lobos où sous peu s'élèvera un phare de première grandeur, et puis... et puis enfin le phare intermittent du Cerro, situé sur une haute colline en face de Montevideo.

L'ancre est lâchée et dévide bruyamment ses chaînons. Le navire vient de mouiller !

Montevideo s'offre coquettement à vos regards charmés.

On n'attend plus que la capitainerie du port avec la *Santé* pour donner l'entrée au navire.

Jusqu'à leur venue, vous êtes en quarantaine avec un pavillon jaune au grand mât, mais heureusement votre patente est *propre,* vos papiers en règle, tout va bien. Passez sur le petit vapeur qui vous attend; moyennant 2 fr. 50, il vous descendra à Montevideo.

RÉPUBLIQUE ORIENTALE DE L'URUGUAY

État situé entre 30° et 35° de latitude sud et 56° et 60° de longitude ouest du méridien de Paris.

Il a pour limites : Au Sud, le Rio de la Plata ; à l'Est, l'Océan Atlantique ; au Nord, les rivières Yaguaron et Cuareim et une ligne intermédiaire qui le séparent du Brésil ; à l'Ouest enfin, le Rio-Uruguay.

Superficie : 186,920 kilomètres carrés. Population : 442,780 habitants, dont 143,252 étrangers.

Le territoire est divisé en 15 départements, qui sont : Montevideo, Canelones, Cerro-Largo, Colonia, Durazno, Florida, Maldonado, Minas, Paysandú, Salto, Rio-Negro, Rocha, San-José, Soriano et Tacuarembo.

La forme du gouvernement oriental est celle d'une république démocratique représentative, régie par une Constitution aussi libérale que celle des États-Unis, avec un Président élu pour quatre ans, et deux chambres, une de sénateurs et une de députés.

D'après les derniers chiffres officiels, son commerce annuel s'élève à plus de 240 millions de francs, soit 126 millions pour l'importation et 114 pour l'exportation.

Cette exportation comprend principalement : les peaux, cuirs bruts, secs et salés, de bœufs, veaux, chevaux, chèvres, loutres, cornes, ongles et os d'animaux, crins, suifs, graisse, plumes d'autruches, viandes salées, conserves, laines en suint et peaux de mouton avec laine, très appréciés sur les marchés d'Europe. L'Uruguay est, en outre, très riche en minéraux, calcaires, quartz aurifères, granit, etc.

Le climat est excessivement sain et tempéré. La vie à très bon marché. Le travail bien rétribué. La liberté absolue, si l'on ne se mêle pas aux intrigues politiques qui troublent malheureusement ce beau pays et l'empêchent d'atteindre à la prospérité extraordinaire qui lui est assurée par son sol fertile et son incomparable position sur la mer et sur un grand fleuve.

C'est dans le département de Paysandú que se trouve la petite ville de Fray-Bentos, siège de l'important établissement de Liebig et Cⁱᵉ, dont les produits en viandes conservées et bouillon concentré, sont connus dans le monde entier.

Salto, 10,750 habitants. Tête de ligne des vapeurs de l'Uruguay, appartenant à la société S. Ribes et Cⁱᵉ, qui possède en outre de vastes chantiers de construction et de réparation.

Commerce considérable de transit pour le Salto entre Montevideo, le haut Uruguay et le Brésil.

Le président actuel de la République Orientale de l'Uruguay est le général MÁXIMO SANTOS.

Le pays possède une monnaie nationale d'argent. L'or étranger est accepté partout à des cours fixés par le gouvernement. Consultez à cet égard le tableau de la valeur des monnaies, que nous donnons à la fin de ce petit guide.

Nota. — Il circule également des billets de Banque, émis par la Banque commerciale, et par la Banque de Londres et du Rio-de-la-Plata. Ils sont généralement reçus dans le commerce au pair de l'or.

MONTEVIDEO (autrefois San Felipe et Santiago de Montevideo). — Capitale de la République, est une belle, riche et agréable ville de 112,000 habitants, dont 35,000 étrangers, merveilleusement située sur le Rio-de-la-Plata, bâtie sur un promontoire. Les rues perpendiculaires à la grande voie centrale nommée calle 25 de Mayo, donnent, d'un côté, sur la pleine mer, et de l'autre sur la baie. En face, faisant cap, s'élance le Cerro, au pied duquel travaillent de nombreuses fabriques, des saladeros et les ateliers maritimes du dock Cibils ayant un bassin de radoubage pour navires de plus de 1,000 tonneaux.

Cette jolie ville, admirablement bien pavée, possède du gaz, des eaux courantes, une Bourse, une Douane, 13 églises dont la principale est Cathédrale (évêché). Musée, bibliothèques, diverses Facultés et sociétés savantes, loges maçonniques, marchés bien aménagés et très abondants en fruits et légumes européens, excellente viande, etc., un bel hôpital, maison d'aliénés, trois théâtres d'opéra et de genre : Solis, Cibils et San-Felipe, hôtel des postes et télégraphes, câbles sous-marins pour Buénos-Aires et le Brésil, agence Havas, chemins de fer pour les départements, tramways parfaitement organisés et à très bas prix : 30 à 50 centimes suivant le parcours.

Le nombre de journaux quotidiens est ici considérable. Citons : *El Siglo, L'Uruguay, El Telégrafo Maritimo, el Ferro-Carril, la Razon, la Tribuna Popular, la Colonia Española, A Patria, l'Era Italiana, la Nacion,* etc., à 20 centimes le numéro vendu dans la rue.

Les places principales sont les suivantes : celle de la *Matriz,* où se trouve la Cathédrale, et en face le *Cabildo* : Hôtel de police et des deux Chambres. La place *Independencia* où l'on a édifié, depuis trois ans, la maison du gouvernement, Présidence et ministères.

Plus loin, en suivant la rue du 18 de Juillet (calle 18 de Julio), la place Cagancha, ornée à son centre d'un monument à la liberté, colonne et piédestal en granit et porphyre oriental.

Dans cette calle 18 de Julio, l'une des plus animées de la ville, signalons le café Monte-Bruno au coin de la place Cagancha, et celui de la Buena-Moza (de la Belle-Fille), place Independencia. Le prolongement de la calle 18 de Julio aboutit au village de l'Union, où se donnent des courses de taureaux très fréquentées. Diverses promenades sont à faire en tramways, au Cerro pour visiter un saladero et le dock Cibils. Au paso del Molino, sur les deux côtés de l'avenue, une suite non interrompue de villas presque toutes remarquables par l'originalité de leur construction et la richesse des plantations. Citons celles de MM. Gomez, Fynn, Farini, Pedralves, etc., au Paso del Molino, un autre tramway vous mènera à la célèbre villa de Buschental, dont le parc est peuplé d'animaux de prix. Peu loin de là, visiter la fameuse chapelle gothique élevée par Madame Jackson dans le village de Atahualpa, ainsi que l'orphelinat.

Pendant l'été, Montevideo devient une station balnéaire qui attire beaucoup de beau monde. Des bains se trouvent assez bien aménagés à la playa Ramirez et aux Pozitos (prendre le tramway de l'Est, au marché du port), au nord de la baie du Cerro, (tramway brésilien, calle Cerrito) et au bassin Gounouilhou à l'extrémité de la calle 25 de Mayo. Le prix du bain avec cabine et linge n'est que de 30 centimes (3 vingtains, un vingtain vaut dix centimes).

Les clubs importants du pays sont : le club Anglais, place de la Matriz et calle Rincon ; le club Français, place de la Matriz.

Les hôtels et restaurants principaux : hôtel des Pyramides, propriétaire : Haurie; de la Paix, de Paris, Central (confiserie orientale tenue par Narizano), Péninsulaire etc., etc.; hôtels et restaurants de premier ordre, service européen, où la vie (chambre et repas) coûte 15 fr. par jour, tout compris.

A l'hôtel Argentino, place Independencia, ainsi que dans beaucoup d'autres établissements, on est bien logé et nourri pour 12 réaux par jour, soit à peu près 6 francs.

Un service de bateaux à vapeur met en communication journalière Montevideo et Buenos-Aires.

Le prix des passages de première classe, dîner compris, est de 8 piastres fortes (42 fr.) et celui des secondes, 4 piastres fortes (21 fr.)

Quelques personnes préfèrent descendre de leur paquebot d'outre-mer sur ces légers vapeurs fluviaux. On y gagne du temps et l'on s'évite l'ennui de la traversée quelquefois pénible de la grande rade de Buenos-Aires au môle de débarquement (8 à 9 milles sur bateau-mouche). Si vous n'abandonnez pas le navire qui vous a heureusement porté d'Europe, l'appareillage a lieu, généralement, le soir à cinq heures. Déjà le pilote est à son poste sur la passerelle, qu'il ne quittera que le lendemain au point du jour, car le voyage n'exige que dix à douze heures.

Le Rio-de-la-Plata, qui compte quarante lieues à son embouchure, et huit à Buenos-Aires, semble plutôt un véritable bras de mer. Des deux points extrêmes : l'un sur la côte orientale, au cap Santa-Maria, porte un feu que nous avons remarqué, l'autre, appartenant au continent argentin, est le cap San-Antonio où s'élèvera l'année prochaine un phare de premier ordre.

Aussitôt en marche, on perd de vue la rive gauche du fleuve. Durant la nuit on croise des feux sur Pontons, à la punta del Indio, au banco chico, qui indiquent la route à suivre.

On stoppe, l'ancre est lâchée, le navire est au mouillage. Nous sommes arrivés? allez vous demander joyeusement. Pas encore.

Avec d'excellents yeux, une bonne lorgnette et du beau temps, vous apercevez Buenos-Aires. Le dôme de la Cathédrale et la Douane se silhouettent en blanc sur l'horizon. Sur la rive droite, en face, vous distinguez nettement la petite ville de Quilmes avec ses maisonnettes de briques et sa campagne bien cultivée. Plus loin, du côté de la Boca, de hautes cheminées signalent la présence de grandes fabriques : l'agriculture et l'industrie.

On n'attend plus, pour aller à terre, que les autorités du port et le docteur, seul arbitre qui décidera si vous resterez ou non en quarantaine, car le pavillon jaune est toujours au grand mât.

Montevideo ayant mis le navire en libre pratique, il est plus que probable que tout ira bien ici.

Deux petits vapeurs-mouches s'approchent de notre paquebot; l'un d'eux seul accoste : c'est celui de la capitainerie du port. Le commissaire passe les papiers du bord avec la patente de santé dans un seau, après les avoir saupoudrés avec un antiseptique quelconque.

Le docteur argentin décachète le pli, le parcourt rapidement, et nous crie : Tout va bien!

Tout aussitôt l'escalier est abaissé, ces messieurs montent à bord, et l'autre petit vapeur accoste à son tour ; c'est celui de l'agence de la Compagnie de votre paquebot qui vient se mettre à la disposition des passagers.

On déjeûne gaîment. Puis, après avoir réglé vos menues dépenses et avoir reconnu les services des garçons, suivant votre bourse et votre contentement, préoccupez-vous de vos bagages, et veillez à ce que tout soit bien transbordé sur le petit vapeur.

Une poignée de main au commandant, un dernier adieu à l'équipage, un revoir amical à vos compagnons de traversée et passez sur le petit vapeur.

En une heure et demie, deux heures au plus, et moyennant 6 francs (30 piastres monnaie courante), vous arriverez à une centaine de mètres du môle.

Si les eaux sont très basses, de la baleinière où vous vous êtes transportés en quittant le petit vapeur, vous serez parfois contraint d'atterrir sur un char traîné par deux vigoureux chevaux ayant de l'eau jusqu'au poitrail. Le court transit de vous et vos bagages coûtera pour la chaloupe, 5 fr. ; pour le char, 5 fr. Ces prix diminuent si l'on est plusieurs passagers à profiter du bateau et de la charette.

La construction d'un port à Buénos-Aires est à l'étude ; les fonds en sont votés. Tout fait donc espérer qu'un jour, cette capitale possèdera un port et des docks en rapport avec les exigences toujours croissantes de son considérable commerce.

Quant aux passagers d'avant, comme tous sont considérés comme émigrants, tous ont droit à passer sur le petit vapeur affecté au service de l'émigration. Seulement, ils doivent avoir soin de se faire reconnaître par le délégué argentin chargé de recevoir les émigrants, de leur délivrer des passages gratuits et de les conduire, eux et leurs bagages, à l'Asile national d'émigration. Leur débarquement s'effectue par le môle de *las Catalinas* qui a l'avantage d'avoir toujours assez d'eau pour permettre d'accoster. A l'hôtel de l'émigration, ils seront logés et nourris gratuitement durant huit et même quinze jours, et tous les renseignements pour trouver de l'occupation leur seront fournis par le Bureau de travail, administration publique parfaitement organisée pour satisfaire à toutes les demandes (calle 25 de Mayo, au coin de la calle Corrientes, non loin du quai).

Vos bagages auront été portés, par des portefaix (changadores), à la petite Douane, au bout du môle.

La visite de vos malles est une simple formalité, car les employés de la Douane usent d'une extrême facilité bienséante envers les étrangers. Le pays est hospitalier; vous en aurez une première preuve, à moins que vous ne soyez un contrebandier.

De la Douane, à pied ou en carosse, vos changadores vous conduiront à l'hôtel. Si votre choix n'est n'est pas déjà fixé, je vous recommanderai comme maisons de premier ordre :

Le Grand Hôtel de la Paix, calle Cangallo, au coin de la calle Reconquista, avec succursale, **Hôtel San Martin**, calle Cangallo et San Martin, à côté de la Bourse.

Le Grand Hôtel Argentin, place et rue 25 de Mayo, admirable vue sur la Plata, ayant comme annexe un établissement de bains. Succursale: **Hôtel Frascati**, calle Maipú, presque au coin de la calle Rivadavia, cette grande artère commerciale de la Cité.

L'Hôtel de Paris, calle Cangallo, 216, entre les calles Florida et Maipú. Spécialement recommandé aux familles aisées pour le confortable de ses appartements et de sa table.

Le Grand Hôtel de Rome, calle Cangallo, 225 et 231, tenu par MM. BAZET et JELLÉ, l'un des plus vastes de la ville. Grands appartements. Chambres depuis 5 francs. Service et cuisine à la française.

Aux voyageurs qui visent à l'économie, nous recommandons pour la modicité de ses prix (7 à 9 francs par jour), ses logements confortables et sa bonne cuisine bourgeoise :

L'Hôtel de la Bonne Soupe, tenu par M. Léon Bouvier, calle Piedad, 285. La maison prend des pensionnaires à des conditions des plus raisonnables.

Enfin, pour ceux qui sont obligés à compter strictement avec leurs ressources, aux émigrants, nous les engageons à descendre à :

L'Hôtel et Restaurant du Midi, propriétaire : Clément Baget, calle Corrientes, 23. On ne peut être mieux à Buénos-Aires à des prix aussi bas. Chambre, lumière, service, deux bons repas avec vin et café, tout cela pour 6 francs par jour.

La maison possède des appartements pour famille et reçoit des pensionnaires.

Nous avons signalé la *Rôtisserie Française*, calle Florida, fondée par M. A. Charpentier, qui a su en quelques années atteindre le succès. Indiquons maintenant deux maisons dont la réputation n'est pas à faire, car elle date de plus de 20 ans.

Le Café de Paris, propriétaire M. F. Sempé, calle

Cangallo 45, en face de l'Hôtel de la Paix. Restaurant unique dans toute l'Amérique du Sud, et qui peut rivaliser avec les meilleurs de Paris et de Bordeaux.

Le chef de ce célèbre établissement culinaire a la science de son art, il sait se procurer tout ce que peuvent désirer des clients habitués à bien manger, à boire bon et à être servis avec promptitude.

Allez-y et vous vous croirez dans l'un des restaurants les plus en vogue du boulevard des Italiens.

Le Café Tortoni, tenu par M. C. Curutchet, calle Esmeralda, 6, au bas du *Club français de l'Union*, est le rendez-vous habituel, depuis de longues années, des notables négociants français ou étrangers, si nombreux dans ce quartier, tout entier occupé par des maisons de commerce d'introduction ou de détail.

Ce café sert des consommations de première qualité et ses billards sont excellents.

Nota. — Les amateurs de *manille* trouveront là des maîtres.

(Voir aux annonces qui entourent la Carte Océanique *pour plus amples détails).*

Avant d'adresser à tous ceux qui nous ont accompagnés jusqu'ici, le salut de l'adieu, nous leur donnerons encore, sur la République Argentine, ses quatorze provinces, ses quatre territoires nationaux et sa capitale, Buénos-Aires, quelques renseignements qui ne peuvent leur être indifférents, qu'ils soient venus dans cette immense pays sud-américain, comme l'explorateur avide de l'inconnu, ou comme le travailleur ambitieux de la fortune. Tous peuvent y trouver l'accomplissement de leur désir, car le champ est vaste et divers, l'homme hospitalier et généreux, et la nature si merveilleusement riche dans tous les règnes, animal, végétal et minéral, que la République Argentine, avant la fin de ce siècle, deviendra l'émule des puissants États confédérés de l'Amérique du Nord.

Nota. — Dans toute la République, on compte en piastre forte *(peso fuerte)*, connue aussi sous ce mot *patacon*, dont la valeur est de 5 fr. 17 c. La piastre nationale en argent vaut 5 fr.; elle a des subdivisions. Le peso bolivien argent, en grand usage dans les provinces ne vaut que 3 fr. 65 c. La piastre forte, ainsi que la nationale, est divisée en 100 centavos.

A Buénos-Aires la seule monnaie véritablement employée pour les échanges commerciaux est celle en billets émis par la Banque de la Province. Il circule de ce papier monnaie fort commode, depuis une piastre de 4 centavos, dite monnaie courante *(peso moneda corriente)*, jusqu'à 5,000 pesos monnaie courante.

Le *peso fuerte* contient 25 pesos moneda corriente. La plus petite monnaie de Buénos-Aires était donc, jusqu'à ce jour, un peso moneda corriente, valant 4 centavos (20 centimes) ; mais une loi récente, et la création d'un hôtel des monnaies, permettent de frapper des pièces de cuivre de 1 et 2 centavos.

En typographie on exprime ainsi :

Le peso fuerte (patacon).......... $'
Le peso nacional................. P/N.
Le peso moneda corriente........ $ m/c

RÉPUBLIQUE ARGENTINE DE LA PLATA

Ce vaste pays, qui faisait jadis partie de la vice-royauté espagnole de Buénos-Aires, secoua le joug de la métropole et proclama son indépendance le 25 mai 1810. Il s'étend du 22° au 52° de latitude sud, et du 57° au 72° de longitude occidentale, et se divise en 14 provinces : Buénos-Aires, Entre-Rios, Corrientes, Santa-Fé, Cordoba, Tucuman, Santiago-del-Estero, Salto, Jujuy, La Rioja, San-Juan, Catamarca, San-Luis et Mendoza. Plus quatre territoires nationaux : Patagonia, Gran-Chaco, Misiones et Cordilleras, occupés jusqu'à présent partiellement par des Indiens de diverses tribus : Araucaniens, Tobas, Ranqueles, Pehuelches, etc., mais qui chaque jour tendent à disparaître ou à se rallier à la civilisation.

Buénos-Aires, la capitale fédérale de la nation, forme un municipe autonome.

La superficie de cette immense contrée est de 2,580,000 kilomètres carrés, et sa population, sans compter les Indiens qui restent peut-être encore 60,000, est de 2,592,000 habitants, dont 372,000 étrangers ; ce qui attribuerait à chaque habitant près d'un kilomètre carré.

Les gigantesques Cordillères des Andes séparent à l'Ouest-Sud-Ouest la République Argentine du Chili, au Nord les deux grands fleuves : Parana et Uruguay en forment les limites avec le Paraguay, le Brésil et la République orientale de l'Uruguay, et à l'Est-Sud-Est l'Océan Atlantique, jusqu'au détroit de Magellan, déferle sur la côte patagonienne argentine. Ce pays est donc bien délimité et bien protégé par des frontières naturelles.

Le gouvernement Argentin est celui d'une République démocratique et fédérative, régie par une constitution animée du libéralisme le plus progressiste.

Les quatorze provinces qui composent l'État possèdent chacune une Constitution et des lois particulières, un Gouverneur, deux corps législatifs et une administration autonome ; mais toutes sont soumises à la Constitution nationale, pacte fédératif qui les unit dans un gouvernement central, dont le siège est à Buénos-Aires.

Ce gouvernement national, à la tête duquel est un Président élu pour six années, et à son défaut un Vice-Président, est chargé de la défense du pays, de contracter des traités d'alliance ou de commerce, de pourvoir aux services publics et aux intérêts généraux de la Nation, d'assurer la parfaite sécurité de la propriété et de veiller au maintien de la liberté absolue de tous les citoyens.

Un Congrès formé de deux Chambres, l'une de 30 sénateurs, l'autre de 86 députés, vote les lois nouvelles, le budget de chaque année, accorde les concessions et nomme à certaines hautes fonctions de l'État.

Le pouvoir judiciaire, indépendamment du pouvoir exécutif dévolu au Président, et au pouvoir législatif, partage du Congrès, est exercé par une Cour souveraine de justice fédérale, composée de cinq membres, et entretient un représentant dans chaque province, sous le titre de juge fédéral.

Le Code Napoléon a servi de modèle aux divers codes argentins, à l'exception de celui de procédure criminelle et civile, qui se ressent de la jurisprudence coloniale espagnole ; mais il doit être sous peu modifié suivant l'esprit moderne, qui veut la justice expéditive et à bon marché.

L'administration ecclésiastique est répartie entre l'archevêché de Buénos-Aires et quatre évêchés : Paraná, Cordoba, Cuyo et Salta.

L'instruction publique est gratuite. Le gouvernement national fait de considérables sacrifices et de louables efforts, ainsi que les municipalités, pour en activer et régulariser la propagation.

L'armée nationale, en temps de paix, compte 153 officiers supérieurs, 625 officiers subalternes et 7,662 soldats ; mais en temps de guerre tout le monde est soldat, et, d'autre part, la garde nationale des quatorze provinces pouvant facilement être mobilisée, présenterait, au moment voulu, un effectif de 118,000 hommes bien équipés et avec des armes perfectionnées.

La marine, depuis cinq à six ans seulement, a été l'objet de l'attention du gouvernement ; mais dans ce court espace de temps, on a beaucoup fait et le gouvernement n'épargne rien pour assurer l'excellence de cet important département.

Une École navale a été fondée sous la direction d'un officier de la marine française, M. Beuf, astronome distingué, auquel est confié également l'Observatoire national. Le personnel de l'école est de 133 élèves et professeurs.

La République possède trois cuirassés : *El Almirante Brown, el Plata, los Andes* ; six canonnières : *El Parana, el Uruguay, la República, la Constitucion, el Pilcomayo, el Bermejo* ; deux transports : *El Villarino et el Rosetti* ; six avisos, un bateau torpilleur : *El Maipu* ; une corvette : *El Cabo de Hornos*, une escadrille au Rio-Negro, plus divers petits navires pour le service des ports et des côtes.

Dans le courant de 1883, on recevra deux autres cuirassés de premier rang, comme *el Almirante Brown*, et trois torpilleurs sous-marins. Bref, avant trois années, le peuple argentin, absolument fort et calme sur terre pourra se reposer sur une marine de guerre qui le mettra à l'abri de toute tentative d'agression de la part de voisins envieux de la trop grande et rapide prospérité de la République.

Le mieux, pour juger du prodigieux développement qui, d'année en année, s'opère dans ce riche pays, c'est de poser des chiffres, tous puisés aux sources officielles : *Estadística del comercio exterior y de la navegacion interior y exterior de la República Argentina, 1881, por el Dr F. Latzina. Résumé de statistique générale de la ville de Buénos-Aires* (1er semestre de 1882), par le Dr Emilio R. Coni.

COMMERCE EXTÉRIEUR EN 1881.

	Piastres fortes.
Importation soumise aux droits........	53.022.774
— exempte de droits..........	1.066.771
Total de l'importation...	54.029.545
Exportation soumise aux droits..........	50.722.211
— exempte de droits..........	5.346.893
Total de l'exportation...	56.069.104

On voit que les affaires d'exportation, en 1881, ont excédé celles d'importation de 2,039,559 piastres fortes.

Il faut ajouter à ce chiffre 6,351,048 piastres fortes, pour les articles en transit qui ne font que traverser la République.

On arrive ainsi à un total général d'affaires de

116,449,697 piastres fortes, qui est supérieur de 14,263,849 piastres fortes au chiffre de l'année précédente.

L'importation, qui n'était que de 44 millions en 1880, s'est élevée comme on vient de le voir à 54 millions en 1881. La différence est notable, car elle affirme que le mouvement des affaires a suivi une marche ascendante. La preuve en est dans le chiffre de l'importation, qui est de 25 % supérieur à celui de 1880, malgré la fabrication locale de certains articles et la création de grandes industries à Buénos-Aires et dans les provinces.

Étudiant le commerce par nation, on constate que la première place (importation et exportation réunies) est occupée par la France qui figure pour 26,065,299 piastres fortes, soit *cent trente millions* de francs, dont cinquante pour l'importation, l'Angleterre pour 96,409,655 de francs et la Belgique pour 85,167,505 de francs.

L'Angleterre marche en tête pour l'importation avec 15 millions et demi de dollars ; la France ensuite avec 10 millions ; puis l'Allemagne, près de 3 millions et demi ; la Belgique, 3 millions 388,000 dollars ; l'Espagne et l'Uruguay, 3 millions chacune; l'Italie, 2 millions 700,000, et le Brésil 2 millions 600,000.

Le commerce d'importation avec la France a augmenté pendant l'année dernière de 9 millions et demi de francs sur celui de 1880, et de près de 5 millions sur celui de 1879.

Quant à l'Angleterre, son commerce d'exportation avec la République Argentine a augmenté de 17 millions de francs sur celui de 1880 ; celui de l'Allemagne de 6 millions et celui de la Belgique de 5 millions. L'Italie et l'Espagne sont restées stationnaires.

Dans l'exportation, la France prend la première place avec plus de 16 millions de dollars (80,585,660 francs); elle est suivie de la Belgique (68,000,000 de francs), l'Allemagne (19,378,420), l'Angleterre (18,819,760 francs) avec une diminution de 8 millions sur le chiffre de 1880 ; puis l'Italie (11,781,180 francs).

Les États-Unis figurent à l'importation pour 4,130,421 piastres fortes et pour 3,924,877 à l'exportation.

En céréales, maïs, blé, avoine, etc., lin, arachides, etc., l'exportation n'a pas été inférieure à 1,500,000 piastres fortes, plus de 7,500,000 francs. Quant au commerce de province à province par voies fluviales, cabotage, chemins de fer, roulage, il a atteint 21 millions de piastres fortes pendant l'année 1881.

En 1880, 21,274 Européens ont émigré dans la République Argentine; en 1881 ce chiffre s'élève à 32,817.

De ces 32,817 émigrants, 17,658 ont été débarqués gratuitement, 11,206 ont reçu l'hospitalité, durant huit et même quinze jours, à l'hôtel national de l'Émigration, 12.647 ont trouvé de l'occupation par l'entremise active et dévouée du Bureau national de Travail. Les autres 19,630 se sont placés directement ; d'ailleurs les hommes de bonne volonté sont bien accueillis et bien rétribués, tant pour les travaux publics que pour ceux de l'agriculture et de l'industrie.

Durant les six premiers mois de 1882, 148 navires à vapeur, provenant d'outremer, ont amené d'Europe 14,940 passagers de troisième classe, et de Montevideo il en est arrivé 14,989, ce qui donne un total de 29,929 immigrants pour le premier semestre de 1882.

L'augmentation sur 1881 est notable et prouve que le courant d'immigration pour le Rio de la Plata va grossissant d'année en année, et cela sans que le gouvernement argentin, on peut le dire, l'ait facilité par aucune somme d'argent ni des effets de publicité.

Immigration toute spontanée du vieux continent sur le nouveau, à combien s'élèverait-elle donc, si le travailleur ambitieux d'un sort meilleur que celui que lui procure son labeur en Europe, savait ce que valent ces immensités à peine peuplées, qui n'attendent que l'homme pour lui livrer des richesses innombrables ?

Au Sud, dans la Pampa, plaines à perte de vue, bœufs, moutons, chevaux, autruches, chèvres, gamas, guanacos, se comptent par millions et millions. Aux Cordillères, ce ne sont que mines non exploitées de fer, cuivre, plomb, étain, or et argent.

Au nord de la République, le café, le sucre, le tabac, le coton, l'indigo, les riches bois d'ébénisterie, plantes oléagineuses et médicinales. La yerba à mate, ce thé de l'avenir. Partout, le blé, la pomme de terre et la vigne.

CHEMINS DE FER

Chemins de fer nationaux en exploitation.

	Kilomètres.
Chemin de fer Central-Nord.....................	546
Chemin de fer Andino, de Villa Maria à Rio Cuarto et Mercedes...........................	351
Chemin de fer Primer Entreriano...............	10
	1907

Chemins de fer garantis par l'État.

Chemin de fer Central Argentin, de Rosario à Cordoba.......................................	395
Chemin de fer de Buénos-Aires à Campana...	81
Chemin de fer de l'Est Entreriano, de Concordia à Monte Caseros...........................	160
	637

Chemins de fer de la Province de Buénos-Aires.

Chemin de fer de l'Ouest.....................	389
Chemin de fer du Sud........................	562
Chemin de fer de la Boca à la Ensenada......	59
Chemin de fer du Nord.......................	36
	1.046

Chemins de fer en construction.

Chemin de fer Central Nord, de Tucuman à Jujuy, par Salta.................................	340
Chemin de fer de Santiago del Estero.........	162

	Kilomètres.
Chemin de fer de San Luis à Mendoza........	261
Chemin de fer de Mendoza à San Juan.......	154
Chemin de fer de Recreo à Chumbicho, à la Rioja et Catamarca.....................	300
Chemin de fer des Andes (concession Clark)..	579
	1.796
Prolongation du chemin de fer du Sud, de l'Azul à Bahia Blanca...................	386
Prolongation du chemin de fer du Sud, d'Ayacucho au Tandil........................	64
Prolongation du chemin de fer de l'Ouest....	532
	982

En résumé, en exploitation :

Chemins de fer nationaux...................	907
Chemins de fer garantis...................	637
Chemins de fer de la Province de Buénos-Aires	1.146
	2.590

En construction :

Chemins de fer nationaux...................	1.217
Chemins de fer garantis (Clark)..............	579
Chemins de fer de la province de Buénos-Aires	982
En construction.......................	2.778
En exploitation.......................	2.590
Réseau complet...	5.368

POSTES ET TÉLÉGRAPHES

En 1881, l'administration argentine des Postes a reçu de l'étranger 3,570,000 lettres, journaux, imprimés, etc., et des provinces, 12,285,000. Le prix de l'affranchissement est unique. Pour quinze grammes, 8 centavos pour toute la République et pour la capitale.

Le réseau télégraphique actuel mesure 11,487 kilomètres.

Il a été expédié durant l'année 1881, 125,810 dépêches télégraphiques. Le gouvernement possède, en outre, des lignes spéciales sur tous les points importants des frontières. Plusieurs câbles sous-marins, appartenant à de grandes Compagnies, mettent le pays en communication avec l'univers entier.

La monnaie est fabriquée dans un Hôtel National nouvellement bâti ; on y frappe des pièces d'or, d'argent et de cuivre.

Or. — Un Argentino = 5 pesos/N = 25 francs.
  »   Un medio argentino = 2 P/N et demi = 12 fr. 50.
Argent. — Un peso nacional = 5 francs.
  »   Un medio peso nacional = 2 fr. 50.
  »   20 centavos = 1 franc.
  »   10 centavos = 50 centimes.
Cuivre. — 2 centavos = 10 centimes.
  »   1 centavo = 5 centimes.

(Voir le tableau comparatif de la valeur des monnaies étrangères.)

La Banque Nationale émet des billets de banque reçus dans toute la République pour leur valeur écrite.

TOUT ENFANT NÉ DE PARENTS ÉTRANGERS SUR LE TERRITOIRE DE LA RÉPUBLIQUE EST ARGENTIN. *(Loi sur la naturalisation.)*

Le Président actuel de la République Argentine, élu le 12 octobre 1880, jusqu'en octobre 1886, est le brigadier-général JULIO A. ROCA ; le vice-président : Francisco B. Madero.

Le ministère est ainsi composé : ministre de l'intérieur, Bernardo de Irigoyen ; des affaires étrangères, Victorino de la Plaza ; des finances, José M. Romero; des cultes, justice et instruction publique, Eduardo Wilde; de la guerre et marine, Benjamin Victorica.

BUÉNOS-AIRES. — Capitale de la République Argentine. Grande et belle ville située sur la rive droite de la Plata; est administrée par un Conseil Municipal élu par tous les citoyens argentins et étrangers. Elle occupe une superficie de 4,440 hectares. La population est de 260,000 habitants, dont 127,000 étrangers (50,000 Italiens, 31,000 Français, 21,000 Espagnols, etc., etc).

Toutes les rues sont perpendiculaires ; elles forment ainsi un immense damier, dont chaque case mesure 120 mètres de côté.

La cité est partagée dans toute sa longueur, de l'Est à l'Ouest, par une rue (calle Rivadavia) allant de la Douane, sur le port, à un faubourg nommé Almagro.

Toutes les rues aboutissent perpendiculairement à cette artère principale et portent un nom différent à droite qu'à gauche. Ainsi la calle Florida devient la calle Perú en traversant la calle Rivadavia. Buénos-Aires est divisée en 14 paroisses ayant chacune un juge de paix.

Le préfet de police actuel, M. Marcos Paz, a su donner à son département une organisation répondant parfaitement aux mœurs et besoins d'une grande cité cosmopolite. Et ce n'était pas chose facile que de discipliner, dans un même esprit de légalité, et pourtant de bienveillance, 20 commissaires de section, 104 officiers de police et 1,355 vigilants (sergents de ville).

Le corps des pompiers, pourvu des appareils les plus perfectionnés, compte 11 officiers et 130 hommes enregimentés.

Les deux places Victoria et 25 de Mayo, qui ne sont séparées que par une terrasse, supportée par deux rangées d'arcades (connues sous le nom de *Recoba Vieja*), sont comme le cœur de la cité.

L'une, la place 25 de Mayo, où l'on admire la statue équestre du général Belgrano (œuvre de Carrier-Belleuze), est encadrée par le grand théâtre Colon, la Douane, le Palais du Gouvernement National (vulgairement nommé *Casa Rosada*), l'Hôtel des Postes et Télégraphes, le Congrès (Chambre des Sénateurs et Députés). Sur l'autre, la place Victoria, au centre, entre deux jolies fontaines monumentales, s'élève une colonne commémorative de l'indépendance ; à droite, l'archevêché et la cathédrale, en face ; la Municipalité et le *Cabildo*, qui loge les tribunaux, et la Préfecture de police.

Buénos-Aires est bien pavée dans le centre, mal dans ses faubourgs; mais il faut dire qu'il n'y a pas trois ans qu'on s'en préoccupe sérieusement. Trois-cent-soixante-quinze kilomètres de canalisation distribuent plus d'un million par an de mètres cubes de gaz, par 3,500 becs, rien que pour l'éclairage de la capitale.

2,200,000,000 litres d'eau courante, pris dans la Plata, sont envoyés par de puissantes machines à vapeur à tous les points de la ville, ce qui permet à chaque habitant de consommer 20 litres par jour ; c'est peu, mais on travaille à faire mieux.

63,000 mètres d'égoûts servent à l'écoulement des eaux pluviales.

La circulation en tramways a été dans l'année 1881 de 18 millions de voyageurs.

	Kil.	m.
La compagnie Ciudad de Buenos Aires exploite une ligne de..........................	56	761
La Compagnie Anglo-Argentine............	41	852
— Central-Tramway...........	25	237
— Belgrano..................	12	127
— Boca Barracas..............	17	080

Le prix, dans toute la cité, pour tout le parcours, est uniformément de 2 piastres m/c., soit 40 centimes.

Plus loin, suivant la distance, 3 ou 5 piastres m/c. Ce qui n'empêche qu'il circule dans Buénos-Aires 4,176 véhicules de toutes espèces, depuis les élégants landaus à huit ressorts, jusqu'aux lourdes voitures qui chargent et déchargent dans la Plata.

Deux grandes compagnies téléphoniques, celles du Pantéléphone de Locht et Bell perfectionné, possédant 525 lignes, sur une longueur de 1,613 kilomètres, mettent en relation orale plus de 1,000 abonnés, et celle de Gower-Bell, avec 500 lignes mesurant 830 kilomètres, sert 570 souscripteurs.

En outre de plusieurs places plantées d'arbres, il existe une sorte de jardin d'acclimatation à 4 kilomètres de la ville, où ceux qui n'ont pas de voiture peuvent se rendre par deux chemins de fer, celui de Campana et celui du Nord, et par deux lignes de tramways.

En s'y rendant par tramway, on apercevra une gigantesque construction dont les divers bâtiments sont disposés en éventail. C'est un immense pénitencier qui peut recevoir plus de 1,000 condamnés, sans compter un nombreux personnel.

Le parc, appelé 3 de Febrero, ou parc de Palermo, est une ancienne propriété du dictateur D. Manuel de Rosas. Une large et belle avenue va de la route de Belgrano au Rio de La Plata, sur laquelle, à gauche, est un hippodrome, à droite l'Ecole militaire et un jardin zoologique riche en animaux du pays : tigres, pumas, renards, fourmilliers, tapirs, carpinchos, etc.

A Palermo, le monde fortuné se promène en brillants équipages, et le dimanche, c'est un but de promenade très intéressant pour la classe travailleuse. Il s'y trouve divers cafés et brasseries.

La vie matérielle est, relativement à l'Europe, très bon marché. Bœuf à 2 piastres la livre ; mouton, 12 côtelettes, 6 $ m/c., le gigot, 5 $ m/c. Légumes et fruits abondants et à bas prix dans la pleine saison. Pain à 1 $ la livre. Vin français, 5 $ m/c. le litre, espagnol, 4 $ m/c.

Il y a quantité de restaurants (fondas) où le repas ne coûte que 8 $ m/c. et d'autres où l'on sert à raison d'une piastre le plat.

Les logements seuls sont chers. Il faut compter payer une chambre non meublée 150 à 200 $ m/c. par mois, et une garnie de 250 à 300.

Quant au linge et aux vêtements, les prix en sont augmentés de 40 % sur ceux d'Europe.

Mais aussi, les salaires sont-ils en proportion de la plus-value de certains articles nécessaires à la vie.

Un artisan habile dans son métier, gagne, suivant profession, de 12 à 20 francs par jour.

Ceux qu'on désigne en Europe comme demi-ouvriers, gagneront encore de 8 à 10 francs par jour.

Les bons domestiques, mâles et femelles, se paient, logés et nourris, de 400 à 600 $ m/c., et un cordon bleu ou chef de cuisine, de 1,000 à 2,000 $ m/c. par mois.

D'ailleurs, si la ville n'offre pas de travail à votre

goût et selon vos aptitudes, les colonies agricoles donnent aux persévérants la certitude d'acquérir, en peu d'années, une aisance fortunée, grâce à la loi sur la vente des terres nationales.

Nous donnons ci-après l'adresse des administrations publiques, Banques, Journaux, Sociétés de navigation, Assurances, Clubs, Promenades, Théâtres, Stations de chemin de fer et de tramways, Bureaux télégraphiques et postaux, Hôpitaux, Légations et Consulats, ainsi que des principales maisons de commerce et des grandes fabriques et usines.

Grâce au plan très exact de Buénos-Aires, que nous joignons à cette nomenclature, on pourra se diriger sans autre guide, mais en se souvenant bien que les rues Sud et Nord changent de nom en traversant la calle Rivadavia, et que les numéros impairs sont à droite dans les rues commençant au Rio de la Plata, que dans les rues Nord à partir de la calle Rivadavia, les numéros impairs sont à droite et qu'il en est de même pour les rues se dirigeant de la calle Rivadavia vers le Sud.

Nous donnons ci-après un petit guide dans Buénos Aires, en partie en langue espagnole, l'étranger devant s'habituer à comprendre et à parler cet idiome.

Or, notre avis est que la lecture des enseignes, des annonces et des journaux est une des meilleures méthodes d'apprendre vite.

PETIT GUIDE DANS BUÉNOS-AIRES

Administrations publiques

Administracion de Vacuna, Corrientes, 132.
Aguas Corrientes, Alsina, 161.
Asociacion Médica Bonaerense, Reconquista, 93.
Biblioteca Pública, Corrientes, 221.
Capitania General de Puertos, 25 de Mayo, 141.
Centro Comercial, San Martin, 90.
Círculo Médico Argentino, Perú, 325.
Club del Progreso, Victoria y Perú.
Club Français, Cangallo, 146.
Club de l'Union (Français), Suipacha, 6, au dessus du café Tortoni.
Club del Plata, Rivadavia, esquina Chacabuco.
Club de Residentes Estranjeros, Rivadavia, 84.
Club Industrial Argentino, Rivadavia, 49.
Colegio Nacional, Bolivar, 104.
Comisaría de Guerra y Marina, Venezuela, 108.
Comision Central de Inmigracion, 25 de Mayo, 213.
Centro Industrial Argentino, Victoria, 335.
Congreso Nacional, Plaza 25 de Mayo.
Consejo de Higiene Pública, Moreno, 125.
Correos, Plaza 25 de Mayo.
Crédito Público, Moreno, 134.
Defensoría de Menores, Bolivar, 131.
Departamento Nacional de Hijiene, 25 de Mayo, 141.
Departamento de Agricultura, Parque 3 Febrero.
Departamento Topográfico, Perú, 126.
Facultad de Medicina, Córdoba y Azcuénaga.
Facultad de Derechos, Moreno, 36.
Gas Buenos Aires (Limitada), Alsina 511.
Gas antiguo, Victoria, 325.
Gas Argentino, Rivadavia, 420.
Gas de Belgrano, Estacion Central.
Hospital General de Hombres, Córdoba y Azcuénaga.
Impuestos de Saladeros, Bolivar, 121.
Ingenieros Municipales, Moreno 32.

Ingenieros Nacionales, Perú 13.
Legislatura Provincial, Perú 120.
Marcas de fábrica y patentes de invenciones, Perú, 13.
Mejoras de la Ciudad, Alsina, 161.
Monte Piedad de la Provincia, Perú, 221.
Museo Público, Perú 111.
Oficina Nacional de Patentes, Maipú, 130.
Oficina de Marcas, Bolivar, 123.
Oficina Técnica, Casilla-Correo, 587.
Oficina de Tierras Públicas provinciales, Moreno, 120.
Sellos Nacionales, Balcarce, esquina Victoria.
Sellos Provinciales, Moreno, 108 y Piedad, 85.
Sociedad Científica argentina, Perú, 35.
Sociedad Nacional de Farmacia, Alsina, 63.
Sociedad Rural Argentina, Perú, 29.
Tribunal de Comercio, Cabildo.
Tribunales de 1ª Instancia, Cabildo.
Universidad, Perú, 118.

Chemins de fer

Buenos Aires y Campana, Paseo de Julio.
Buenos Aires y Ensenada, Paseo de Julio.
Central Argentino, Paseo de Julio.
Norte, Paseo de Julio.
Oeste, Plaza del Once de Setiembre.
Sud, Plaza Constitucion.

Télégraphes

Agencia Havas, Reconquista, 120.
Estado, Piedad, 85.
Nacionales, Piedad 104 y Plaza 25 de Mayo.
Oriental, Piedad, 72.
Rio de la Plata, Piedad, 112.
Transandino, Plaza 25 de Mayo.

Téléphones

Compañia Pantéléfono de Locht, Fels y Cª, San Martin, 26.
Compañia Gower-Bell, Florida, 128.

Tramways

Anglo-Argentino, Estacion Rivadavia.
Belgrano, Estacion Centro América.
Boca y Barracas, General Brown.
Central, Piedad y 11 de Setiembre.
Ciudad de Buenos Aires, Buen Orden, 930.

Compagnies de Navigation Maritime

MESSAGERIES MARITIMES. — Départ de Buénos-Aires les 8 et 24 de chaque mois, pour Bordeaux et escales. Agente principal, *O. de Martrin Donos*, calle Piedad, 52 (altos).

SOCIÉTÉ GÉNÉRALE DE TRANSPORTS MARITIMES. — Deux départs par mois de Buénos-Aires pour Marseille, Gênes et Naples. Agentes : *P. y E. Matthey*, calle Reconquista, 232.

CHARGEURS RÉUNIS. — Trois départs par mois, du Rosario et de Buénos-Aires pour le Havre. Agente : *P. Christophersen*, calle Piedad, 98.

G. B. LAVARELLO Y Cª. — Vapeurs italiens chaque mois pour Gênes. Agencia, calle Corrientes, 75.

SOCIÉTÉ ROCCO, PIAGGIO É FIGLI. — Un départ de Buénos-Aires par mois, pour Gênes et Naples. Agente : *Ernesto Paggio*, calle 25 de Mayo, 192

PACIFIC STEAM NAVIGATION COMPANY. — De Montevideo pour Liverpool et le Pacifique. Trois départs par mois. Agentes : *Yorrow, Hett y Cª*, calle Piedad, 98. A Montevideo, calle Solis, 55.

ROYAL MAIL. — Chaque mois deux départs de Buénos-Aires pour Southampton et escales. Agente : *Enrique L. Green*, calle Reconquista, 228.

LAMPORT HOLT LINE. — De Buénos-Aires et du Rosario pour Londres, Anvers et Liverpool. Malle royale belge. 7 départs par mois. Agente : *E. Norton*, calle Reconquista, 245.

LLOYD-NORD-ALEMAN. — De Buénos-Aires pour Anvers, Brême et escales. Un bateau par mois. Agente : *K. Van Emster*, calle Maipú, 101.

KOSMOS. — Compagnie allemande. Malle impériale entre Hambourg et Callao. Départ tous les 20 jours. Agents : *Scharffenorth et Sattler*, calle San Martin, 133.

Compagnie D. C. Pinkey and Sons. — Service direct entre Glasgow, Bordeaux et le Rio de la Plata. Agentes : *J. Lassalle fils.* calle 25 de Mayo, 81.

Clyde Line. — Ligne régulière entre l'Angleterre, la France, la Belgique et le Rio de la Plata, pour Anvers, Havre, Dunkerque et Liverpool. Agentes : *Tomkinson, Dungey y C^a*, calle 25 de Mayo, 90.

Allan Line. — Compagnie anglaise. Service régulier entre le Rio de la Plata, le Havre, Anvers et Glascow. Agentes : *William Samson y C^a*, calle Reconquista, 212.

Trasporti Marittimi. — Paggio y C^a. Société italienne. Ligne régulière entre l'Italie, la France, la Belgique et la Plata. Agentes: *Rossi y Ferrari*, calle General Lavalle, 181.

Trasportes Marítimos de Barcelona. — Un départ par mois de Barcelone. Agentes : *W. Samson y C^a*, calle Reconquista, 212.

Vapores Correos del Marqués de Campo. — Un départ par mois de Buénos-Aires, pour Cadix et Bordeaux, et un pour le Pacifique. Agente : *R. Rigal.* calle Maipú, 13.

Compagnies de Navigation Fluviale

Mensagerias Fluviales á Vapor. — Rio Uruguay, service trois fois par semaine, entre Montevideo, Buénos-Aires et Salta (Escales). Société Ribes y C^a. Agente : *P. Risso*, calle Reconquista, 145.

La Platense. — Compagnie française. De Buénos-Aires pour Rosario et Santa-Fé, cinq fois par semaine. Agente : *P. Christophersen*, calle Piedad, 102.

Vapores para el Parana. — Pour Rosario y Santa-Fé, trois fois par semaine. Agente : *D. Bruce,* calle Cangallo, 54.

Carrera del Paraguay. — Vapeurs pour le Paraguay, en correspondance avec ceux du Haut-Parana. Une fois par mois. Agentes : *Mayer y Brugo*, calle 25 de Mayo, 86.

Línea regular para el Paraguay y para Ituzaingo. — Avec toutes les escales. Agentes: *Noceti y C^a*, calle Cangallo, 44.

Para San Nicolas y Rosario. — Vapeurs de charge. Agente : *H. Hillner*, Victoria, 38.

De la Boca del riachuelo á San Nicolas y Rosario. —

Charge et passagers, deux fois par semaine : Agentes : *Felix Catoni y C*, calle Piedad, 56.

Douanes

Aduana Nueva, esquina Victoria y Balcarce.
Aduana Vieja, Balcarce, 160.
Casa Amarilla, Paseo Colon y General Brown.
Las Catalinas, Paseo Julio, esquina Paraguay.

Banques

De la Provincia de Buenos Aires, San Martin, 57.
Hipotecario, San Martin, 112.
Banco Nacional, Reconquista, 42.
De Londres y Rio de la Plata, Piedad y Reconquista.
Banco Inglés, Reconquista, 71 á 77.
De Italia y Rio de la Plata, Piedad, 88.
Banco Carabassa y Cª, Piedad y Reconquista.

Compagnies d'assurances

Argentina, Florida, 128 (Altos).
Bienhechora del Plata, Florida 128 (Altos).
British and Foreign, Florida, 97.
La Confiance, Calle Piedad, 52.
Estrella, Florida, 128 (Altos).
Imperial, Chacabuco, 21.
London, Corrientes, 86.
Lloyd Suizo, San Martin, 73.
La Equitativa, Chacabuco, 25.
Union Americana, Rivadavia 103.
La Foncière, Piedad, 98.
Les Compagnies Françaises, Corrientes, 164.
Norwich Union, Victoria, 117.
Northern, Piedad, 185.
Queen (La Reina), Maipú, 95.
The Marine, Reconquista, 228.

Théâtres et divertissements

Colon, Rivadavia y Reconquista.
Opera, Corrientes, 275 y 278.
Politeama, Corrientes y Parana.
Nacional, Florida entre Piedad y Cangallo.
Variedades, Esmeralda 219, entre Cuyo y Corrientes.
Alegria, Chacabuco 75, entre Victoria y Alsina.
Goldoni, Plaza Lorea.
Pasatiempo, Cuyo y Parana.
Títeres, Libertad, entre Cuyo y Cangallo.
Coliseum (Salon), General Lavalle, entre Esmeralda y Suipacha.
Jardin Florida, Florida entre Córdoba y Paraguay.
Skating-Rink, Esmeralda 149, entre Cangallo y Cuyo.

Journaux et Revues

Argentinisches Wockenblatt, Piedad, 154.
Boletin mensual del Departamento de Agricultura, 25 de Mayo, 141.
Deutsche La Plata Zeitung, Cuyo 232.
El Avisador, Rivadavia, 115.
El Comercio del Plata, Piedad, 141.
El Correo Español, Rivadavia, 25.
El Comercial, San Martin, 174.
El Diario, Cangallo, 146.
El Demócrata, Perú, 103.
El Industrial, Rivadavia, 49.
El Mosquito, Tucuman, 131.
El Nacional, Bolivar, 67.
El Siglo, Alsina, 10.
Guia Mensual del Forastero, Corrientes, 141.
Guia Oficial de Correos y Telégrafos Nacionales, Ferro-Carriles, Vapores, Tramways y Mensagerías. Casa de Correos y 25 de Mayo, 288.
Guia Mensual de Kidd, Corrientes, 117.
La Industria, Maipú, 203,
La Libertad, Alsina, 105.
La Moda del Dia, Victoria y Perú (A la Tienda *El Progreso*).

La Nacion, San Martin, 208.
La Nacion Española, Alsina, 431.
La Pampa, Victoria, 97.
La Patria Italiana, Cuyo, 75.
La Patria Argentina, Bolivar, 72.
La Prensa, Moreno, 109.
Periódico del Estanciero, Belgrano, 135.
La República, Belgrano, 189.
La Revista Argentina, Perú, 115.
La Tribuna, Victoria, 175.
La Tribuna Nacional, Florida, 149.
Le Courrier de la Plata, Piedad, 148.
L'Operaio Italiano, Cuyo, 267.
L'Union Française, Piedad, 142.
Nueva Revista de Buenos Aires, Lavalle, 60.
Revista de Ganadería, Piedad, 108.
Revista de los Tribunales, Bolivar, 290.
Revista Farmacéutica, Alsina, 63.
Revista Médico-Quirurgica, Alsina, 60.
Revista Militar y Naval, Defensa, 145.
The Herald, San Martin, 174.
The Standard, Piedad, 154.

Légations

Alemania. — Bolivar, 225.
Austria-Hungria. — San Martin, 306.
Bolivia. — Alsina, 559.
Brasil. — Perú, 209.
Chile. — General Lavalle, 446.
Costa Rica. — Defensa, 281.
Delegacion Apostólica. — Suipacha 682.
España. — Esmeralda, 357.
Estados-Unidos. — Parque, 136.
Francia. — Reconquista, 502.
Gran Bretaña. — Florida, 502 (Altos).
Italia. — Suipacha, 65.
Paraguay. — Lima, 121.
Perú. — Cangallo (Hôtel de la Paix).
Portugal. — Tucuman, 135.

San Salvador. — Defensa, 281.
Uruguay. — Lima, 95.

Consulats

Alemania. — A. Schaeffer, Bolivar, 226.
Austria-Hungria. — R. Heimendahl, Rivadavia, 193.
Bélgica. — E. Bergmann, General Lavalle, 112.
Bolivia. — Samuel F. Sanchez, Perú, 106.
Brasil. — Dr. Juan Adrian Chaves, General Lavalle, 210.
Chile. — Luis Bilbao, General Lavalle, 246.
Costa Rica y S. S. — J. Escudero, Defensa, 281.
Dinamarca. — P. Christophersen, Piedad, 98.
España. — Tucuman, 268.
Estados-Unidos. — E. L. Baker, 25 de Mayo, 223.
Francia. — R. Wagner, Montevideo, 207.
Guatemala. — Roberto Lange, San Martin, 73.
Gran Bretaña. — W. B. Pauli, Piedad, 149.
Helénico, — R. Wagner, Montevideo, 207.
Holanda. — W. Paats, Venezuela, 154.
Italia. — A. Brunenghi, Suipacha, 311.
Paraguay. — Federico Alonso, Reconquista, 212.
Perú. — M. Ocampo Samanes, Piedras, 81.
Portugal. — A. J. de Mattos, Tucuman, 135.
Rusia. — P. Christophersen, Piedad, 98.
Suecia y Noruega. — S. A. Christophersen, Piedad, 98.
Suiza. — Luis Ulyses Jaccard, Alsina, 61.
Uruguay. — V. Fernandez, Lima, 64.

MAISONS RECOMMANDÉES

Baños del Gimnasio, L. Martinier, *calle Florida, 193.* Il manquait à Buénos-Aires un établissement de bains confortable. M. Martinier n'a reculé devant aucune dépense pour satisfaire les plus difficiles, car il y a joint une salle d'hydrothérapie, munie des appareils les plus perfectionnés : Douches à trois atmosphères, bains de pluie de toutes sortes, etc. Et, durant l'été, dans un élégant café, annexe de la maison, tout en y consommant au frais les meilleures boissons et glaces, un excellent pianiste, attaché à l'établissement, vous y fera entendre les dernières compositions à la mode.

Librairie Littéraire. LA COMMERCIALE. CHARLES PERNON, *calle Cuyo, 247*. Etes-vous amateur de livres nouveaux, de littérature, d'histoire ou de science?

Préférez-vous vous abonner à raison de cinq francs par mois à un riche cabinet de lecture contenant 10,000 volumes?

Avez-vous la manie du bouquinage?

Vous manque-t-il des cartes de visite, de commerce, des factures, des circulaires, etc.?

Adressez-vous en toute confiance à notre compatriote Ch. Pernon, qui vous servira avec loyauté et promptitude.

Photographie artistique. WITCOMB Y MACKERN, *calle Florida, 208*. La maison Witcomb et Mackern est, sans contredit possible, la première parmi les nombreuses photographies établies à Buénos-Aires. Perfection, netteté, grâce et bon goût dans les poses, sont les qualités qu'on trouve dans toutes les photographies qui sortent de ces ateliers. MM. Witcomb et Mackern possèdent, seuls, une collection complète de vues de la Capitale et des provinces, ainsi que de scènes de mœurs. Ces messieurs ont, spécialement pour leur maison, fait prendre les vues les plus pittoresques des Cordillères des Andes et des pays limitrophes.

Manufactura Nacional de cigarros y cigarrillos de J. DAUMAS, *calle Piedad, 239*. Il y a dix ans à peine, M. Daumas lançait dans la consommation des cigarettes faites avec des tabacs choisis et préparés par lui et rappelant par la fabrication le tabac scaferlati, le caporal.

Jusqu'alors la cigarette noire, forte au goût, d'une odeur parfois nauséabonde, seule régnait sur le monde des fumeurs. Grâce aux efforts de cet intelligent fabricant, la cigarette noire ne domine plus que dans les campagnes les plus arriérées et la cigarette Daumas est aujourd'hui aux lèvres de tout fumeur qui respecte l'odorat des autres et tient à conserver en bon état ses poumons. M. J. Daumas est le seul fabricant de cigarettes qui ait obtenu une grande médaille à l'Exposition universelle de Paris en 1878.

On trouve chez lui tous les articles pour fumeurs : pipes d'écume, porte-cigares, etc.

Vêtements pour hommes. CAIRE ET FILS, *rue San Martin, 28*. Les voyageurs qui quittent l'Europe en été arrivent dans la Plata en plein hiver et *vice versa*. Souvent, pour ne pas dire toujours, on ne prend pas garde à ce changement, et en débarquant on est obligé de s'approvisionner de vêtements de saison. La maison Caire et fils, que nous recommandons tout spécialement, est une des plus vieilles et des plus honorables de la Plata. C'est la seule maison de Buénos-Aires qui importe des vêtements faits en France, de qualité et de bon marché réellement exceptionnels. Des coupeurs et des ouvriers de premier ordre lui permettent de livrer, dans les quarante-huit heures, les habillements sur mesure.

Miguel Lanús, *rue Rivadavia, 369*. GRAN DEPÓSITO Y CASA INTRODUCTORA DE MÁQUINAS PARA AGRICULTURA, ARTES, INDUSTRIAS Y USOS DOMÉSTICOS. Ce vaste entrepôt contient le plus grand assortiment dans Buénos-Aires en faucheuses, moissonneuses et lieuses *(Buckeye)*, de dégraineuses, de batteuses perfectionnées, de *Pitt* et de *Garrett*, de charrues anglaises et belges, de moteurs de tous systèmes, etc.

Machines à hacher la viande, à concasser le maïs, à décortiquer, manèges, etc., ustensiles de toute sorte, calorifères, cheminées, grilles, cuisines économiques, etc.

Maison spéciale pour les fils de fer pour clôture, tendeurs, clefs, etc.

M. Miguel Lanús a introduit ici la plus célèbre des machines à coudre, la *Americana*, réputée la meilleure de toutes celles qui aient été importées. Donc, pour tous ceux qui s'intéressent aux travaux agricoles, le meilleur avis à leur donner, c'est de ne rien acheter sans consulter M. Miguel Lanús ; d'autant plus que c'est l'unique maison où ils pourront trouver sur place ce qu'ils désirent se procurer, et cela aux mêmes prix que si la commande était faite directement en Europe.

Fábrica y casa introductora de artículos de talabartería y de viaje, de Eugenio Mattaldi, *rue Florida au coin de la rue Cangallo*. L'industrie de la sellerie et du harnachement est presque en mesure à Buénos-Aires de lutter avec l'étranger. Et parmi les principaux fabricants, il convient de citer M. Eugène Mattaldi, inventeur breveté d'une selle pour la campagne et d'une malle, primée à l'Exposition de Philadelphie.

Dans ses vastes et luxueux magasins de la *rue Florida au coin de la rue Cangallo*, on est certain de trouver, à des prix modérés, un immense assortiment de selles de course et de ville, mors, rênes, harnais, etc., provenant de sa fabrique, ou des Etats-Unis, de France et d'Angleterre.

Cette maison, véritable *bazar du campement*, est bien connue des explorateurs et des militaires. On ne doit pas se mettre en route sans rendre visite à M. E. Mattaldi.

Casa Introductora. Pascal Quesnel é Hijos, *rue Cangallo, 161*. Cette antique maison française d'introduction d'articles papiers-peints, glaces, vitres, cadres, gravures, etc., de tout ce qui touche enfin à la décoration intérieure des appartements ou à l'art du dessin et de la peinture, n'a guère besoin d'être recommandée, car sa réputation est depuis longtemps établie à Buénos-Aires; mais pour les nouveaux venus, il est bon de la leur indiquer comme une maison de confiance, grandement assortie et possédant de magnifiques collections de gravures et d'oléographies les plus modernes, à des prix absolument consciencieux.

Aux Gobelins. Maison F. Buffin, *rue Cangallo, 165*. Sous cette enseigne, significative comme des armes parlantes : *Aux Gobelins*, M. F. Buffin a créé, il y a quelques dix années, une maison unique dans son genre à Buénos-Aires. Chez lui l'amateur de belles tentures, de tissus artistiques pour meubles ou de passementeries; peut être certain de rencontrer marchandises à son goût, chaque packet y apporte d'ailleurs les hautes nouveautés. D'autre part, le tapissier peut s'y procurer tout ce qui est nécessaire à son métier : articles et outils. Les prix sont ceux du gros, quoique vendant au détail.

A la Ciudad de Lóndres. J. y H. Brun, *rue Perú*, *38.* La grande maison de nouveautés *A la Ciudad de Lóndres* est certainement la plus considérable et la mieux assortie de toutes celles lui faisant concurrence. Elle reçoit par chaque packet de France et d'Angleterre les articles de dernière mode et son système de vendre tout garanti et à prix fixe lui a valu un succès sans précédent jusqu'à ce jour à Buénos-Aires.

La Drogueria del Aguila, de A. Franzoni y Cª, *rue Rivadavia, 91 et 93,* ne livre à ses clients que des produits chimiques et pharmaceutiques d'une entière pureté, de même qu'elle garantit la légitimité de tous les spécialités qu'elle reçoit par chaque packet de France, Italie et Nord-Amérique. C'est la seule Droguerie qui possède un dépôt des eaux minérales italiennes de Montecatini, si célèbres, à juste titre, par leurs qualités curatives.

La maison Franzoni se charge de remplir des commissions pour tous les points de la République Argentine.

Al Sol de Oro. A. Godet, *rue Cangallo, 350.* M. Godet a élevé la fabrication des bonbons, fruits confits et confitures, à la hauteur d'une grande industrie, et en créant, calle Piedad, 1240, une usine à vapeur, il a joint à sa fabrication celle du chocolat, à laquelle il a donné une considérable extension. C'est la seule marque qui ait fait, à Buénos-Aires, une concurrence sérieuse au chocolat Menier. On peut s'en convaincre en consultant les entrées de douane, qui ont diminué de moitié pour les chocolats, tandis que les importations de cacao ont doublé. D'ailleurs, le mieux pour constater la qualité du *Chocolat Godet,* c'est de le goûter.

Casa introductora de loza y porcelana. A. Lacaille, *rue Perú, 81.* Nul doute que, voulant vous établir dans le pays, soit à Buénos-Aires, soit à la campagne, vous ayiez à monter votre ménage. La maison Lacaille reçoit directement tous ses articles d'Europe, et vous y trouverez un immense assortiment aux conditions les plus avantageuses, comme prix et comme choix, depuis la porcelaine la plus riche jusqu'à la faïence la plus ordinaire, la verrerie la plus complète et la plus variée, sans parler des nombreux objets se rattachant à la batterie de cuisine, à la salle à manger ou au ménage en général.

Spécialité d'articles pour les hôtels, restaurants, collèges, estancias, etc., etc.

Institut optico-oculístico. OLIVA et SCHNABL, *rue Florida, 99.* Cet établissement, unique dans son genre dans le Sud-Amérique, se distingue non seulement par la savante direction du professeur M. L. Schnabl, mais aussi par la renommée acquise de ne vendre que des articles de première qualité : pièces d'optique, instruments de mathématiques, de physique, de chirurgie, appareils d'électricité, etc. Cinq médailles et dix-huit diplômes attestent la réputation de cette remarquable maison.

Grand dépôt de Pianos, de MM. MORENO, ENSINCK y Cª, *rue Florida, 160, entre Cangallo et Cuyo.* Soyez certain de rencontrer dans cette maison l'instrument que vouz aimez à toucher, car ces messieurs étant les agents des principaux facteurs de France, Allemagne et des États-Unis, possèdent un assortiment de pianos qu'on ne peut trouver à Buénos-Aires dans aucun autre établissement similaire. Tous leurs pianos, construits en vue des brusques variations de la température, tiennent quand même l'accord, conservant une grande égalité de touches et de puissance dans le son.

Avant donc de rien acheter ou louer, visitez cette importante et consciencieuse maison.

Les prix de location sont modérés; et si vous désirez acheter, il est accordé de grandes facilités de payement.

Rotisserie française. A. CHARPENTIER, *rue Cuyo au coin de la rue Florida.* Lorsque l'on quitte la France tout nous paraît étrange, tout nous surprend sans nous charmer, et ce n'est que lorsque nous voyons un établissement nous rappelant notre pays que nous éprouvons une vraie joie. M. Charpentier a su créer à Buénos-Aires le restaurant du monde élégant parisien. Il n'est pas de primeurs que M. Charpentier ne reçoive longtemps avant qu'elles n'apparaissent sur le marché. Tous les packets lui apportent des poissons, des bécassines, des escargots, des homards aussi frais qu'en Europe. On croirait retrouver une succursale des *Frères Provençaux*.

Brasserie Bieckert, *rue Juncal, 11.* La fabrication de la bière est certes une des plus difficiles. Il faut lutter contre les éléments: l'eau, les conditions climatériques, tout est à combattre. M. Bieckert, à force d'énergie et de travail, est parvenu à offrir au public une bière d'un goût agréable et fabriquée dans les meilleures conditions hygiéniques. Son établissement, le plus important de Buénos-Aires, vaut la peine qu'on le visite, il donne une grande idée de l'industrie de ce pays.

Café, thé, chocolat. E. CHABRY ET FILS, *rue Chacabuco, 120.* Spécialité de *cafés*, *thés* et *chocolats*.

La grande renommée de la maison est due à l'excellence des produits qui y sont vendus.

Un bon café est certes un poison, comme l'appelait Voltaire, que l'on déguste avec plaisir. Il est même des personnes qui préfèrent se priver de tout que de café.

Les thés sont très difficiles à connaître et ce n'est qu'une expérience comme celle de M. Chabry, qui peut assurer à la clientèle un produit toujours bon, toujours égal.

Nous en dirons autant pour ses chocolats.

Droguerie nationale de ED. RETIENNE, *rue Rivadavia, 509.* Cette droguerie-pharmacie, une des plus connues de Buénos-Aires, reçoit directement de France, d'Allemagne, d'Angleterre et d'Italie, toutes les spécialités médicinales ainsi que les eaux minérales des sources les plus réputées. On y trouvera particulièrement la *Colodina*, remède infaillible pour la guérison des cors aux pieds. M. Retienne a seul le droit de la vendre dans la République Argentine.

Toutes les recettes y sont préparées avec le soin le plus scrupuleux et à des prix excessivement modérés.

Establecimiento médical de Acroterapia

y Atmitria. Directeur : Dr Félix Romano, *rue Suipacha, 148.* Cet établissement fonctionne sous la savante direction des Drs Cimone et Martin, qui ont su l'élever à la hauteur des établissements similaires européens ; de nombreux appareils spéciaux pour les maladies nerveuses, les rhumatismes, celles des poumons, de l'estomac, de la vessie, de la gorge et de la peau obtiennent des cures extraordinaires.

Une puissante machine à vapeur fournit l'air comprimé, raréfié et oxygéné. L'établissement possède en outre un cabinet complet d'électrothérapie. Consultations tous les jours, excepté le jeudi.

Les médecins sont invités à visiter l'établissement et à assister à l'application de cette merveilleuse méthode thérapeutique.

Semillas y plantas. Vicente Peluffo, *rue Alsina, 201.* Cette maison a publié le catalogue illustré le plus complet de toutes les plantes et semences qui conviennent le mieux au climat, si varié, de la République Argentine. M. Peluffo s'est particulièrement appliqué à la production de la semence de luzerne (alfalfa), supérieure à celle du Chili et à celle du midi de la France, tant par sa pureté et son bas prix que par la certitude du brillant résultat qu'elles donneront, ces semences ayant été élaborées et perfectionnées sur le sol argentin. M. Peluffo possède aussi trois classes de pommes de terre spéciales à cette maison.

Nueva armeria de Paris. E. Barrié, *Rivadavia, 40.* Si les fils du pays sont, en général, peu chasseurs, ce n'est pas parce que le gibier manque, certes non ! Et les étrangers, amis du plaisir de saint Hubert, sont sûrs de ne pas revenir bredouilles. Perdrix, bécassines, batitús, oies et canards sauvages, terú-terús, cygnes au col noir, cygognes, flamants, etc., pullulent dans la campagne.

M. E. Barrié possède, en plus d'un immense assortiment de toutes les armes de précision, françaises, anglaises et américaines, tout ce qui est nécessaire au parfait chasseur: cartouches, carnassières, etc.

La maison se charge en outre de la réparation, de l'entretien et de la garde des armes, et cela à des prix excessivement modérés.

Chemiserie E. Chauvet, *rue Florida, 13*. Après avoir fondé une importante maison pour la fabrication des chemises et des caleçons en gros, M. Chauvet s'est décidé à ouvrir un élégant magasin dans la rue Florida, où on vous livre, faits sur mesure, des articles d'une coupe toute parisienne. Les travaux sortant de ses ateliers sont irréprochables, tant par les soins apportés à la fabrication que par la qualité de la marchandise employée. Tous les objets, cravates, chaussettes, gilets de laine, hautes nouveautés pour hommes, s'y trouvent à des conditions de prix et de bon goût qui défient toute concurrence.

Timbres en gomme. WOODWELL, *rue Piedad, 140*. La maison Woodwell est sans contestation aucune la première et la plus ancienne en timbres de gomme. Cette industrie, toute nouvelle ici, a acquis en peu de temps un degré de perfection étonnant. D'un maniement plus facile que celui du timbre en cuivre, celui en gomme ne s'encrasse pas et son prix est infiniment plus bas.

M. Woodwell s'est attaché un artiste graveur, Nord-Américain, qui a déjà produit bon nombre de gravures sur bois d'une finesse extraordinaire.

Droguerie et pharmacie anglaise. E. E. CRANWELL, *rue Victoria, 147*. Les amateurs de produits anglais et nord-américains y trouveront toutes les spécialités de ces deux pays, d'une légitimité absolue et d'une fraîcheur incomparable, par suite d'un immense débit.

En dehors de cette spécialité, la maison Cranwell reçoit toutes les eaux de toilette, parfums, brosserie, flanelle, etc., etc., des principaux fabricants d'Europe.

Soins excessifs dans la préparation des ordonnances de médecin, exactitude et prix équitables.

Société française de matériel agricole. Uniques agents : L. GRÉGOIRE Y C^e, *rue Corrientes, 235*. Le matériel agricole français a cet immense avantage sur celui de fabrication anglaise ou américaine, d'être d'une construction plus légère, d'un maniement plus facile, quoique d'une excessive solidité.

Du reste, 300 médailles remportées à toutes les expositions, tant en France qu'à l'étranger, ont consacré le mérite des moteurs, batteuses, des ventilateurs, des herses, etc., etc., de cette grande Société, dirigée par M. Gérard, à Vierzon.

Tous ceux donc, qui ont des achats de matériel agricole à faire, agiront prudemment en consultant le catalogue et en demandant des renseignements sur la matière à M. Grégoire, rue Corrientes, 235.

PROVINCE DE BUÉNOS-AIRES

Onze mille lieues carrées de superficie, 540,000 habitants dont près de 100,000 Italiens, Français, Espagnols, Basques français et espagnols, Belges, Irlandais, Anglais, Allemands, Orientaux et Brésiliens, etc.

Province baignée au Nord par La Plata et le Paraná, à l'Est par l'Océan Atlantique, au Sud par la Patagonie, et bornée à l'Ouest par les provinces de Santa-Fé, Córdoba et San-Luis.

Elle est sillonnée de chemins de fer dans toutes les directions.

Chemins de fer en exploitation.

	Kilomètres.
Chemin de fer de l'Ouest (appartenant à la Province)..	389
Chemin de fer du Sud (propriété d'une Société anglaise), garanti par la Province.........	562

	Kilomètres.
Chemin de fer de la Boca à la Ensenada, garanti par la Province....................	59
Chemin de fer du Nord, garanti par la Province	36
Chemin de fer de Buénos-Aires à Campana, garanti par la Nation	81
	1.127

Chemins de fer en construction.

Prolongation du chemin de fer de l'Ouest....	532
Prolongation du chemin de fer du Sud, de l'Azul à Bahia Blanca....................	386
Prolongation du chemin de fer du Sud, d'Ayacucho au Tandil........................	64
En construction......................	982
En exploitation.....................	1.127
Réseau complet...	2.109

En dehors des lignes télégraphiques nationales, la Province de Buénos-Aires possède un réseau très étendu qui dessert toutes les villes de l'intérieur et les postes extrêmes de la frontière Sud.

Ce vaste territoire est divisé en quatre-vingts départements et cinq commissariats de frontière.

Les principaux sont :

Azul, Bahia Blanca, Baradero, Belgrano, Chascomus, Chivilcoy, Dolores, Ensenada de la Plata, Las Flores,

Lobos, Lujan, Mercedes, Navarro, Pergamino, Quilmes, San Fernando, Rojas, San Isidro, San José de Flores, San Nicolás, San Pedro, Salto, Tandil, 25 de Mayo, etc.

Depuis que Buénos-Aires est devenue la métropole fédérale de la Nation, la province de Buénos-Aires a dû choisir un nouveau terrain pour y bâtir sa capitale. Après mûr examen, en suivant l'opinion d'une commission nommée à cet objet, le Congrès provincial, sur la proposition du gouverneur, M. le docteur Dardo Rocha, a décidé que la nouvelle cité sera située sur un plateau dominant le port de la Ensenada, et qu'elle portera le nom de « La Plata ».

L'emplacement ne pouvait être mieux choisi, à proximité d'un port qui, d'ici peu d'années, grâce aux travaux hydrauliques qui s'exécutent en ce moment, donnera l'entrée et le déchargement à quai à des navires calant jusqu'à 25 pieds.

La Plata, tête de ligne de tous les chemins de la Province, à deux heures de Buénos-Aires, prendra, nous en sommes certain, une extension rapide et considérable; avant 1886, époque du changement de la présidence, cette ville, improvisée par un homme énergique et persévérant, comptera 25,000 habitants.

C'est donc là que doivent de préférence se diriger les artisans et les petits commerçants; il leur sera facile d'acquérir l'aisance que donne la propriété, car une loi a fixé le prix des terrains à seulement 2 piastres le mètre carré (40 centimes) par lot de 500 mètres, mais à la condition de construire au moins une chambre et de clôturer les 10 mètres de façade.

D'autre part, la Province possède deux établissements, dont l'un est unique dans le monde: la Banque de la Province et la Banque Hypothécaire. La Banque de la Province prête à tout artisan recommandé par une personne d'honorabilité reconnue, une somme de 20,000 $ m/c, remboursable à raison de 10 % chaque trois mois, et à un intérêt qui ne dépasse pas 7 % par an.

Combien de fortunes à Buénos-Aires ont commencé par ce premier aide financier, qui est veritablement le prêt au travail, prêt consenti par un capitaliste qui ne participe pas dans les bénéfices et qui ne demande que son remboursement à long terme et par à-compte.

Le climat tempéré et sain de la Province de Buénos-Aires, attire et retient l'émigrant, qu'il soit ouvrier, laboureur, vigneron, éleveur de bétail ou commerçant.

La sécurité de la propriété et de la liberté individuelle est aussi complète que dans les pays les plus civilisés d'Europe, et le gouvernement de cette province protège et encourage tous les travailleurs de bonne volonté.

La statistique a établi que la Province de Buénos-Aires donne à vivre à :

5,500,000 bœufs, vaches et veaux ;
28,000,000 de moutons et brebis ;
2,500,000 chevaux et juments ;
500,000 porcs.

Elle pourrait en nourrir vingt fois autant, car une minime partie de la campagne est peuplée d'animaux.

Les départements de Chivilcoy, Pergamino, Bragado, Azul, produisent en blé, maïs, etc., plus que la consommation de la province, la culture du lin a pris un développement considérable, des vignobles couvrent les régions montagneuses et calcaires du Tandil à l'Azul ; dans quelques années la Province ne boira que son vin, et si le houblon réussit comme les premiers essais le font espérer, la bière, qui se consomme par énormes quantités, trouvera sur place ses orges et son houblon.

Déja de grandes distilleries à Chivilcoy fabriquent l'alcool de maïs, et l'étranger ne peut plus importer de farine.

Entre les quatorze provinces, c'est l'une de celles où les salaires sont les plus élevés, et où pourtant la vie est le meilleur marché. Sans compter, ce qui n'est pas à dédaigner, que c'est là où le capital se prête avec le plus de complaisance et à plus bas prix.

Les chemins de fer en construction, les canaux d'irrigation, les ports de l'Ensenada et de Bahia Blanca, ainsi que l'édification de la nouvelle capitale «La Plata» ont besoin de travailleurs de toutes professions. Ils peuvent donc y venir en masse sans la crainte d'un lendemain douteux : ils sont assurés d'employer fructueusement et pour longtemps leur labeur et leurs talents.

PROVINCE DE ENTRE-RIOS

Population : 166,000 habitants.

CONCEPCION DE L'URUGUAY. Capitale, 8,500 habitants, sur le grand fleuve Uruguay, port fréquenté par des navires d'outremer. Deux colonies, San José et Colon, en partie occupées par des Français, sont dans un état florissant; moulins à vapeur et culture maraîchère.

Villes principales :

CONCORDIA. Tête de ligne du chemin de fer de Mercedes et Monte-Caseros, passant par Fédération, ville de 1,800 habitants.

GUALEGUAYCHÚ. 6,500 habitants; point très actif de commerce, sur la rivière de même nom, à 24 kilomètres du fleuve Uruguay. 5 grands saladeros, tanneries, moulins à vapeur, etc.

GUALEGUAY. Bon port sur le Rio Gualeguay. Communication fluviale directe avec Buénos-Aires. 12,000 habitants, 4 saladeros, 6 barracas à laine, etc.

LA PAZ. Port de cabotage sur le Paraná.

PARANÁ, ancienne capitale de la province, fut un moment la capitale de la Confédération Argentine. 15,000 habitants. Jolie ville sur la rive gauche du Paraná, à 12 kilomètres de Santa-Fé et à 35 lieues du Rosario. Bon port pouvant recevoir des navires de 1000 tonneaux. Tous les bateaux de Buénos-Aires à Rosario, Santa-Fé, Corrientes et Paraguay y touchent. Evêché,

2 collèges, école normale, bibliothèque, hôpital, 2 saladeros, 3 moulins à vapeur, un tramway allant de la ville au port, etc. Commerce de bois, charbon, calcaires, produits du pays, etc.

VICTORIA. 5,600 habitants sur le Paraná, dont le plus grand nombre Italiens. Département très fertile, possédant des carrières d'excellente chaux.

PROVINCE DE SANTA-FÉ

Population : 165,000 habitants.

SANTA-FÉ, capitale, à 480 kilomètres de Buénos-Aires, sur le fleuve Paraná, 14,000 habitants. Son port met en relation continuelle Rosario et Buénos-Aires avec ses 42 colonies agricoles, toutes peuplées d'Italiens, Suisses et Français. L'exportation en céréales s'est élevée en 1881 à plus de 7,500,000 francs.

Les deux colonies, celle de San-Carlos (française) et de La Esperanza (suisse), possèdent un territoire de plus de 80,000 hectares, 13 moulins à vapeur, fortes maisons de commerce, et près de 7,000 habitants. Deux chemins de fer, l'un de Santa-Fé aux colonies, et l'autre des colonies au Rosario vont encore augmenter la prospérité de ce florissant district agricole.

ROSARIO, ou mieux Rosario de Santa-Fé, est la seconde ville de la République par sa population, 38,000 habitants, et son importance commerciale.

Cité moderne, bien construite, sur un plateau dominant la rive droite du Paraná, à 80 lieues de Buénos-Aires et 30 de Santa-Fé.

Chemins de fer pour Cordoba, Rio-Cuarto, Mercedes de San Luis et Tucuman.

Colonies de Cañada de Gomez, Carcaraña, Iriondo, etc., en pleine prospérité par suite de leur proximité des lignes ferrées.

Son vaste port reçoit à quai les navires d'outremer de fort tonnage; deux Compagnies, l'une française, les *Chargeurs Réunis;* l'autre anglaise, *Lamport et Holt Line*, y envoient directement charger leurs vapeurs de Liverpool, Anvers et le Havre.

Diverses lignes de tramways parcourent la ville.

Collège national, hôpital, clubs, deux théâtres, journaux quotidiens, succursales de la Banque Nationale et de celle de Londres et Rio de la Plata.

Cette ville, toute européenne, se développe chaque jour, elle est appelée dans un avenir prochain à contrebalancer, dans les provinces de l'intérieur, la puissance de la Capitale.

Toutes les nations étrangères y entretiennent un consul.

PROVINCE DE CORRIENTES

Est bornée au Nord et à l'Ouest par le Paraná, à l'Est par les *Misiones* et le rio Uruguay, au Sud par la province de Entre Rios. Deux rivières, le Guayquiraró et le Mocor tá et la laguna Iberia la pourvoient d'eau.

Sa population est de 180,000 habitants, dont 18,000 étrangers.

Ses immenses forêts fournissent des bois propres à la tannerie, aux constructions terrestres et hydrauliques, tels que : le quebracho colorado et blanco, le lapacho, le urunday, le cedro, le palo blanco et palo santo et une foule d'autres bois d'ébénisterie, comme le jacaranda, tatané, palo rosa, morosebó, guayairi, etc. Le commerce des cuirs de bœufs et chevaux s'y traite sur une vaste échelle, ainsi que les peaux de tigres, jaguarés, cerfs, nutrias, de fourmilliers, d'aguara et de plumes d'autruche, yerba maté, oranges, citrons, mandioca pour amidon, etc., exportés à Buénos-Aires, ainsi que les plantes médicinales : la sandal rouge, le sang-dragon, la caroba et beaucoup d'autres produits silvestres, gommeux, résineux.

La canne à sucre étant plus riche que partout ailleurs en matière saccharine, plusieurs grandes usines vont donner un vigoureux essor à cette productive culture.

C'est une des provinces que l'on peut, que l'on doit recommander aux émigrants vigoureux et intelligents.

CORRIENTES, la capitale, compte 22,150 habitants. Bon port sur le Paraná. Grand collège national, chantiers de constructions navales, tanneries, scieries mécaniques, etc., hôpital, bibliothèque, théâtre.

Villes principales : Goya, 4,233 habitants. Centre très actif de commerce d'échange avec le Gran Chaco et le Paraguay ; Bella Vista, Esquina, sur le Paraná, Monte-Caseros, Restauracion, Santo-Tomé sur le rio Uruguay.

PROVINCE DE CORDOBA

Population : 282,000 habitants.

CORDOBA. Capitale, sur le rio Primero, 43,500 habitants. Belle et grande ville à 800 kilomètres de Buénos-Aires ; est le centre de trois lignes de chemins de fer, Rosario, Tucuman, Rio Cuarto, Mercedes.

Evêché, Académie des sciences, collèges et universités, Facultés de droit, médecine et théologie, observatoire astronomique, théâtre, bibliothèque, cathédrale remarquable. Charmante promenade autour d'un petit lac aux eaux claires et courantes.

Banques : Nationale, de Londres et Rio de la Plata, Provinciale de Cordoba, Otero et Cie.

Commerce considérable en peaux de chèvres et poils d'angora. Marbres de prix, chaux de première qualité, mines d'or et de cuivre.

Cordoba est le centre commercial de toutes les provinces de l'intérieur, aussi y compte-t-on plusieurs fortes maisons de commission.

Signalons un beau moulin à vapeur de MM. Charles Bouquet et C¹ᵉ, et un établissement dans la montagne pour aider au rétablissement des personnes de constitution faible ou attaquées de la poitrine. *(Cure au lait de chèvre.)*

Plusieurs imprimeries et journaux quotidiens, revues scientifiques, etc.

Bons hôtels et à prix modérés, 2 piastres fortes par jour.

Hôtels de France, de Paris, de la Paz, etc.

Bains froids. Pittoresques excursions à faire dans les montagnes qui entourent Cordoba.

PROVINCE DE TUCUMAN

Population : 137,000 habitants.

SAN MIGUEL DE TUCUMAN. Capitale, au pied du mont Aconquija, 19,500 habitants, dont beaucoup d'Européens, Français et Italiens. Sur la rive droite du rio Sali, rivière qui, par la qualité de ses eaux chargées d'humus, fait la fortune de tout ce qu'elle baigne.

A 544 kilomètres de Cordoba, par un chemin de fer malheureusement construit à voie étroite.

On est ici dans le pays du sucre et de la caña (tafia).

Depuis quelques six années, des usines à vapeur se sont élevées comme par enchantement. En 1872 on faisait du sucre à l'indienne, avec des chaudières à feu nu et des broyeurs (trapiches) en bois dur; aujourd'hui, plus de dix immenses établissements travaillent avec des appareils et suivant les méthodes scientifiques les plus perfectionnées.

Dans les provinces vinicoles et sucrières l'émigrant expert en ces travaux peut rapidement se créer une bonne situation. La fortune est de ce côté.

Succursale de la Banque Nationale et de celle de San Juan.

Tanneries considérables et fabriques de tissus spéciàux.

La culture du riz et du tabac donne les meilleurs résultats.

Pour plus de renseignements, s'adresser à l'obligeant et savant docteur Bruland, agent consulaire du gouvernement français à Tucuman.

PROVINCE DE SANTIAGO DEL ESTERO

Population : 139,000 habitants.

SANTIAGO DEL ESTERO. Capitale, 7,900 habitants, à 1040 kilomètres de Buénos-Aires.

Cette province, à l'exemple de celle de Tucuman,

s'est livrée à la culture de la canne à sucre, et cela lui a si bien réussi que MM. San Germes (Français) et Luis Frias (Argentin) sont devenus, grâce à cette industrie nouvelle, plusieurs fois millionnaires en quelques quatre ou cinq ans.

De même que le rio Sali à Tucuman, le rio Salado distribue aux terrains santiagènes ses eaux fertilisantes.

Deux concessions de chemin de fer vont rallier, l'une Santiago à Cordoba par un embranchement sur la ligne de Tucuman, et l'autre avec Rosario, directement, en suivant le rio Salado.

PROVINCE DE SALTA

Population : 147,000 habitants.

SALTA. Capitale, 12,000 habitants, à 365 lieues de Buénos-Aires. Centre d'un grand commerce avec la Bolivie. Nombreuses tanneries dont les cuirs sont très estimés. On y cultive également avec succès la canne à sucre, traitée dans des usines pourvues d'appareils modernes.

La seule ville importante de cette province est Oran, 4,600 habitants. Grand commerce d'entrepôt et de transit avec la Bolivie. Située sur la rivière Bermejo, on a tenté d'établir un service de vapeurs d'Oran jusqu'au rio Paraguay.

Le chemin de fer en construction de Tucuman à Jujuy passera par Salta.

PROVINCE DE JUJUY

Population : 58,000 habitants.

JUJUY. Capitale, 5,000 habitants, sur la rive droite du rio Grande de San Francisco, à 1230 mètres au-dessus du niveau de la mer; à 275 kilomètres de la frontière de Bolivie et à 2500 kilomètres de Buénos-Aires. Foire continuelle de mules et chevaux dans une plaine contigue à la ville, nommée Humahuaca.

PROVINCE DE LA RIOJA

Population : 77,000 habitants.

LA RIOJA. Capitale, au pied du mont Velasco, à 270 lieues de Buénos-Aires, 5,400 habitants.

Commerce suivi et actif avec le Chili. Grande production de vin d'excellente qualité et qui se vendrait très bien à Buénos-Aires, si les transports n'étaient pas si coûteux.

Dans la vallée de Chilecito, au bas du fameux cerro de la Famatina, qui renferme des mines d'argent d'une richesse incalculable, se trouve une considérable fonderie d'argent, créée en 1873 par MM. A. Almonacid et N. Parchappe.

Les mineurs ont, grâce à ce puissant établissement, un constant débouché pour leurs produits.

PROVINCE DE CATAMARCA

Population : 90,000 habitants.

Catamarca. Capitale, sur une pente des montagnes d'Ambato, 6,200 habitants. Peu d'Européens. 1200 kilomètres de Buénos-Aires.

Grands échanges avec le Chili. Cuirs, peaux de chèvres, figues, raisins et pêches sèches.

Province riche en métaux. Fer, cuivre, plomb, or et argent. Plusieurs de ces mines donnent un fort rendement, surtout en cuivre.

PROVINCE DE SAN LUIS

Population : 66,000 habitants.

San Luis de la Punta, capitale. Jolie ville de 4,300 habitants, sur la route des Andes au Chili. Elle est arrosée par la rivière Los Chorrillos. A cinquante heures de Buénos-Aires, en prenant les voies ferrées. On travaille avec ardeur au chemin de fer devant unir Buénos-Aires au Chili en perçant les Cordillères, et des centaines de terrassiers y sont employés à la tâche : 80 centimes à 1 franc le mètre cube. Il en est de même sur la ligne en construction, de Tucuman à Salta et Jujuy, où l'on réclame toujours des bras.

San Luis possède de bons pâturages et des mines de plomb argentifère qu'on assure très riches.

PROVINCE DE SAN JUAN

Population : 80,000 habitants.

SAN JUAN DE LA FRONTERA, capitale, 8,500 habitants. Évêché, Cour de Justice. Banque dont le papier monnaie circule dans les provinces de Tucuman, Córdoba, Catamarca, et même au Chili, avec lequel cette province fait d'immenses affaires.

Climat sec et chaud. La vigne y donne jusqu'à 220 hectolitres de vin par hectare. Les terres à blé de 30 à 35 pour un.

Les pâturages de San Juan sont célèbres par leurs propriétés nutritives qui permettent d'obtenir des animaux d'une taille et d'un poids énormes. L'intensité productive est due à l'irrigation. L'eau est fournie par les rivières San Juan et Jéchal. Outre le vin, la farine et les bestiaux, grand commerce extérieur de fruits secs.

Le meilleur vin de table vient de plants du Bordelais dont il a le bouquet, le velouté, mais comme goût, se rapprochant plutôt des vins du Rhône.

Dans la vallée du Jéchal, mines d'argent renommées du Tontal, exploitées par une société anglo-argentine, et mines d'or de Gualilan, appartenant à la famille Klappenbach.

PROVINCE DE MENDOZA

Population : 87,000 habitants.

MENDOZA, capitale, au pied des Cordillères ; 16,500 habitants. École d'agriculture, Jardin Botanique, Collège Sarmiento, Théâtre, etc. Climat très sain, sec, tempéré. La culture n'est due qu'à l'irrigation, excepté dans certaines vallées où les neiges de l'hiver ont laissé dans le sol une humidité suffisante pour l'été.

La province est arrosée par plusieurs rivières. Les rios de Mendoza, Tunuyan, Diamante, Atuel, Barrancas y Grande. Le rio Grande change son nom dans son parcours et devient le rio Colorado, qui se jette dans l'Atlantique un peu au sud de Bahia Blanca. Les rios Mendoza y Tunuyan sont les mieux utilisés pour l'irrigation et vont fertiliser des terres jusqu'à 140 kilomètres du pied des Cordillères, à la ville de la Paz.

Les principales cultures sont : l'alfalfa ou luzerne pour l'engraissement des bœufs destinés au Chili, et que l'on expédie jusqu'en Bolivie et au Pérou, la vigne et le blé.

Tous les fruits du midi de l'Europe viennent admirablement, sauf les oranges, sans douceur.

De nombreux moulins, bien outillés, sur les canaux d'irrigation, fabriquent des farines très belles, et en telle quantité, qu'elles vont sur le littoral, à trois cents lieues de là, faire concurrence à celles des colonies de Santa Fé.

Plusieurs industries, comme tanneries et savonneries y prospèrent à côté du commerce des miels et cire, fruits secs, bières, du vin et des eaux-de-vie surtout.

Les mines d'argent de Mendoza sont l'objet d'exploitations partielles qui ne tarderont pas à prendre un grand développement. On y a recueilli des minerais de cuivre et d'argent natif, et récemment on y a dénoncé l'existence d'un vaste gisement houiller, à quinze lieues au sud-ouest de la capitale.

Dans toute la Province, la vie matérielle est d'un excessif bon marché. Farine, 6 francs le quintal ; vin à 8 francs l'hectolitre ; viande à 20 centimes la livre. Les ouvriers de tous métiers trouvent à s'y employer à de bons prix, de 12 à 20 francs par jour.

Mendoza est certainement la plus agréable et la plus coquette cité de la République Argentine. Elle se présente au voyageur avec toutes les grâces et tout le pittoresque des villes d'eaux des Pyrénées. Rues larges, plantées de magnifiques peupliers de la Caroline, dont les pieds baignent dans des canaux *(acequias)* aux eaux cristallines et murmurantes. La place principale, de six hectares, dessinée en jardin anglais avec château d'eau au centre, est aussi ombragée par un dôme de feuillage dans lequel viennent se fondre les flots de verdure de six grandes avenues.

Au dessus de tout cela, la Cordillère, au front éternellement blanchi par les neiges.

Mendoza atteindra à la plus grande fortune, quand ses richesses agricoles et minières pourront s'exporter par le chemin de San Luis et la percée des Andes.

TERRITOIRES NATIONAUX

El Gran-Chaco. — Capitale *Formosa*, port sur le Paraná, 900 habitants, possède déjà de nombreux colons cultivant la canne à sucre et le tabac. Des usines se montent sur divers points. La principale a été créée par M. Lardonnois, ingénieur français, associé du colonel Bosch, gouverneur du Chaco.

Les indiens Tobas et Tehuelches, quoique de tribus insoumises, ne refusent pas leur travail pour la coupe des bois durs employés comme madriers, traverses de chemins de fer ou poteaux télégraphiques.

Las Misiones, — Capitale, *Corpus Santi*. Le colonel Roca, frère du Président, en est le gouverneur, chargé d'en organiser l'administration et la police. Ce merveilleux pays est baigné d'un côté par le fleuve Paraná et de l'autre par l'Uruguay. Il est déjà occupé par 10,000 habitants, presque tous d'origine brésilienne. Jadis ce territoire était la proie des jésuites, et de nombreuses ruines constatent encore leurs établissements connus sous le nom de *Reducciones de Indios Guaranis*.

Bois de valeur, métaux précieux, culture tropicale, yerba à mate en forêts; tout, le climat et la nature, est propice au travail de l'homme. Sur le territoire des Missions, les capitaux peuvent se prêter avec confiance. Il leur sera rendu 10,000 pour cent.

Las Cordilleras. — Territoire au sud de Mendoza, entre le rio Barrancas et le rio Limay, borné à l'Ouest par les Andes. Pâturages de première qualité. Gisements houillers et mines de pétrole. Argile plastique et réfractaire. Or et argent. Voilà ce que les explorateurs ont fait connaître de ce coin de terre encore livré aux indiens, mais que les Chiliens depuis longtemps connaissent et envient à la République Argentine, comme un joyau inappréciable.

La Patagonia. — *Patagones*, capitale, qui occupe les deux rives du Rio Negro, sous deux noms différents, *Carmen* et *Biedma*. 1,200 habitants, à 640 kilomètres de Buénos-Aires. Culture du blé et de la vigne. Commerce de peaux et de plumes d'autruche.

Le gouvernement argentin maintient, dans le Rio Negro, une escadrille de petits vapeurs qui remontent le fleuve jusqu'à la Lagune de Choele-Choel et même plus loin.

La Patagonie possède de nombreux ports à l'embouchure des fleuves : Chubut, Deseado, Santa Cruz, Gallegos, etc.

Dans l'intérieur, de profondes vallées, où vivent par milliers des autruches, gamas, guanacos, pumas, etc. Des collines, derniers mouvements des Cordillères, où l'on rencontre du charbon, des porphyres, marbres de couleur, du kaolin, etc.

Sur les côtes, la pêche des phoques, loups, lions, tigres, éléphants marins, en un mot, de toutes les espèces d'otaries, ainsi que la chasse des pingouins, pour la fourrure et les huiles qu'on en extrait, seront avant peu d'un immense revenu.

Le Congrès argentin va fixer, par une loi, les conditions auxquelles seront accordées des concessions de pêche, de chasse, d'exploitation d'amas considérables de guano et de phosphate, sur la côte patagonienne.

Un navire à vapeur, le *Villarino*, fait chaque mois le voyage de Buénos-Aires à Patagones.

La Patagonie est une terre nouvelle, où s'exerceront avec succès les travailleurs de bonne santé et d'audace.

TABLE DE POSITIONS SELON LE MÉRIDIEN DE PARIS

Positions par latitude et longitude de points principaux et des ports d'Europe et d'Amérique où touchent les navires se rendant de l'ancien continent en Afrique, au Brésil et au Rio-de-la-Plata (Uruguay et République Argentine).

Les navigateurs anglais calculent sur le Méridien passant par Greenwich. Il y a donc à tenir compte, sur les cartes anglaises, d'une différence de 2 degrés 20 minutes qui existe entre les deux méridiens de Paris et de Greenwich, la latitude restant la même, puisqu'elle se base au Nord et au Sud sur l'Equateur. Ainsi les tropiques du *Cancer* (Nord) et du *Capricorne* (Sud) sont tous les deux à 23° 28′ 30″ de l'Equateur, passant tous les deux par les points solsticiaux.

	Latitude	Longitude
Paris (France)	N. 48°50′	M^{dien} 0° 0′
Greenwich (Angleterre)	N. 51° 4′	O. 2°20′
Hambourg (Allemagne)	N. 53°32′	E. 7°38′
Bremen (Allemagne)	N. 53° 4′	E. 6°28′
Anvers (Belgique)	N. 51°13′	E. 2° 3′
Flessingue (Hollande)	N. 51°26′	E. 1°14′
Londres (Angleterre)	N. 51°30′	O. 2°25′
Liverpool (Angleterre)	N. 53°24′	O. 5°20′
Southampton (Angleterre)	N. 50°53′	O. 3°44′
Havre (France)	N. 49°29′	O. 2°13′
Cherbourg (France)	N. 49°38′	O. 3°57′
Brest (France)	N. 48°23′	O. 6°49′
Nantes (France)	N. 47°13′	O. 3°53′
Cordouan (phare)	N. 45°35′	O. 3°30′
Bordeaux (phare)	N. 41°50′	O. 2°54′
Bayonne (phare)	N. 43°29′	O. 3°48′
Coruña (España)	N. 43°22′	O. 10°42′
Vigo (España)	N. 42°14′	O. 11° 4′
Oporto (Portugal)	N. 41° 8′	O. 10°57′

TABLE DE POSITIONS

	Latitude	Longitude
Lisboa (Portugal)	N. 38°42′	O. 11°28′
Cadiz (España)	N. 36°31′	O. 8°38′
Gibraltar (España)	N. 36° 6′	O. 7°41′
Valencia (España)	N. 39°28′	O. 2°44′
Barcelona (España)	N. 41°21′	O. 0°10′
Cette (France)	N. 43°23′	E. 1°21′
Marseille (France)	N. 43°17′	E. 3° 1′
Nice (France)	N. 43°41′	E. 4°56′
Genova (Italia)	N. 44°24′	E. 6°34′
Livorna (Italia)	N. 43°32′	E. 7°57′
Napolis (Italia)	N. 40°51′	E. 11°55′
Palma (isla Mayorca)	N. 39°34′	E. 0°18′
Tanger (Maroc)	N. 35°46′	O. 8° 9′
Funchal (isla Madeira)	N. 32°37′	O. 19°15′
Teneriffe (islas Canarias)	N. 28°27′	O. 18°35′
San Vicente (islas del Cabo Verde)	N. 16°54′	O. 25°35′
Dakar (Sénégal)	N. 14°39′	O. 19°45′
Pernambuco (Brazil)	S. 8° 3′	O. 37°12′
Bahia (Brazil)	S. 12°58′	O. 40°51′
Islas Abrolhos (Brazil)	S. 17°57′	O. 41° 2′
Cabo Frio. Faro (Brazil)	S. 23° 1′	O. 44°18′
Rio de Janeiro (Brazil)	S. 22°54′	O. 45°30′
Santos (Brazil)	S. 24° 2′	O. 48°37′
Isla Santa Catarina (Brazil)	S. 27°25′	O. 50°55′
Rio Grande (Brazil)	S. 32° 7′	O. 54°29′
Faro Santa Maria (Uruguay)	S. 34°39′	O. 56°30′
Montevideo (Uruguay)	S. 34°54′	O. 58°33′
Buenos Aires (República Argentina)	S. 34°36′	O. 60°44′
Bahia Blanca (República Argentina)	S. 38°57′	O. 64°18′
Rio Negro (República Argentina)	S. 41° 2′	O. 65° 5′
Rio Deseado (República Argentina)	S. 47°45′	O. 68°14′
Rio Santa Cruz (República Argentina)	S. 50° 5′	O. 70°23′
Cabo de las Vírgenes (Rep. Arg.)	S. 52°20′	O. 70°41′

CALCUL DE L'HEURE

Il est facile de connaître la différence d'heures et de minutes entre deux pays, sachant que par chaque degré de longitude qui sépare les deux points, on a un retard ou une avance de 4 minutes, suivant qu'on se porte à l'Est ou à l'Ouest.

Ainsi Paris étant à zéro degré longitude, et Buénos-Aires à 64° 44′, lorsque midi sonne dans la capitale de la République Argentine, il est 4 heures et 2 minutes 57 secondes du soir, à Paris.

VALEUR LÉGALE DES MONNAIES ÉTRANGÈRES

MONNAIES D'OR	République Argentine	R. O. de l'Uruguay
20 soles, Pérou	$f. 19 35 ½	$N. 18 66
Onza hispano-américaine	15 75	—
20,000 reis, Brésil	10 95 ½	10 56
Aguila, Nord-Amérique	10 03	9 66
Condor, Chili	9 15	8 82
Doblon, Espagne	5 00	4 82
Livre sterling, Angleterre	4 88	4 70
20 francs, France	3 87	3 73
20 marks, Allemagne	4 78	4 60
MONNAIES D'ARGENT		
Peso Nacional argentin	0 97	
Peso Nacional oriental, République de l'Uruguay	1 04	
Peso chilien, péruvien, bolivien, de 25 grammes	0 82	
Peso bolivien de 20 grammes	0 65	

NOTA. — Le *peso fuerte* argentin ou *patacon* vaut 25 piastres monnaie courante de la province de Buénos-Aires, et se décompose aussi en 100 centavos.

POIDS ET MESURES

La *vara* vaut en mètre, 0 m. 866.
La *vara* carrée, en mètre carré, 0 m. c. 749.
La *vara* cubique en mètre cube, 0 m. c. 649.
La *fanega* vaut en mètre cube 0 m. c. 137.
— vaut en décalitres, 13 d. 719.
La *pipa* de 192 *frascos*, en litres, 455 l. 424.
La *cuarterola* de 48 *frascos*, en litres, 113 l. 836.
Le *frasco* vaut en litres, 2 l. 372.
La *cuarta* vaut en litre, 0 l. 593.
Le *galon* vaut en litres, 3 l. 805.
La *libra* vaut en grammes, 459 gr. 4.
Le *quintal* vaut 4 *arrobas*, ou 100 *libras*.
La *tonelada* vaut en *libras*, 2,000.
— vaut en kilos, 918 k. 800.
Le *quintal* de 100 *libras*, vaut en kilos, 45 k. 940.
L'*arroba* de 25 *libras*, en kilos, 11 k. 485.
La *libra* de 16 *onzas*, vaut en kilos, 0 k. 459.
La *onza* vaut en kilos, 0 k. 029.
La *libra de boticario* vaut en grammes, 311 gr. 55.
Le *dragma* vaut en grammes, 3 gr. 589.

AFFRANCHISSEMENT POSTAL

Pour Buénos-Aires, Capitale, 4 centavos ; pour toute la République Argentine, 8 centavos; poids : 15 grammes.
De Buénos-Aires à Montevideo, 8 centavos ; à Rio de Janeiro, 10 centavos ; à Ténérife et San Vicente, 12 centavos.
Pour la France et tous les pays compris dans l'Union postale, 12 centavos.
De la France pour la République Argentine, 25 centimes.

Buénos-Aires. — Imprimerie PAUL CONI, rue Alsina, 60.

GUIDE PRATIQUE D'EUROPE AU RIO DE LA PLATA PAR L. M. DE MARANCOUR

CARTE OCÉANIQUE
POUR TRACER LA ROUTE

GUIDE PRATIQUE D'EUROPE AU RIO DE LA PLATA PAR L. M. DE MARANCOUR

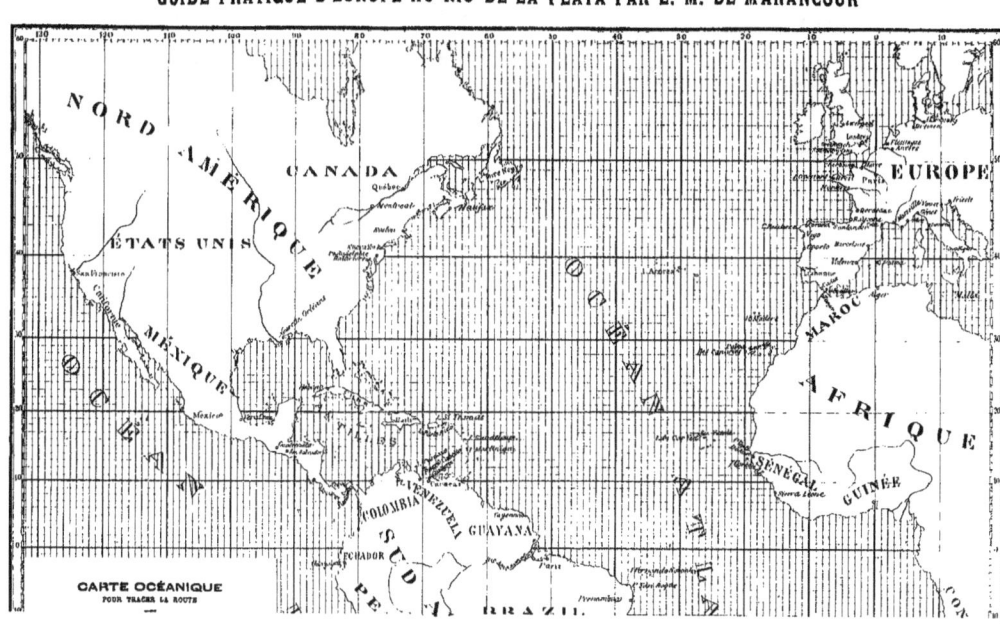

CARTE OCÉANIQUE
POUR TRACER LA ROUTE

GUIA PRÁCTICA DE EUROPA AL RIO I

CARTE OCÉANIQUE
POUR TRACER LA ROUTE

TABLE DES DISTANCES

Un mille marin mesure 1,851 mètres 85 ct. Un degré de latitude: 60 milles et chaque degré en divise en 60 minutes.

NOMS DES LIEUX	Milles
De Bordeaux (Burdeos) à la Corogne	410
Corogne à Lisbonne (Lisboa)	518
Lisbonne à Dakar	1,545
Dakar à Pernambuco	1,700
Pernambuco à Bahia	390
Bahia à Rio-de-Janeiro	731
Rio-de-Janeiro à Montevideo	1,021
Montevideo à Buenos-Aires	118
Voyage complet avec escales	6,277
De Anvers à Flessingue	45
Flessingue au Hâvre	170
Hâvre à Bordeaux	500
Hâvre à Lisbonne	930
Hâvre à San Vicente (Iles du Cap-Vert)	2,308
Hâvre à Madère	1,316
Hâvre à Santa-Cruz de Ténériffe (Iles Canaries)	1,563
Rio-de-Janeiro à Santos	218
Santos à Montevideo	887
Naples à Gênes	338
Gênes à Marseille	201
Marseille à Barcelone	180
Barcelone à Gibraltar	512
Gibraltar à San Vicente	1,519
San Vicente à Rio-de-Janeiro	3,701
San Vicente à Montevideo	3,691
Ténériffe à Montevideo	4,342
Liverpool à Bordeaux	840
Lisbonne à San Vicente	1,569
San Vicente à Pernambuco	1,619
Dakar à Buenos-Aires	3,700

VITESSE DES VENTS

VENTS	Par seconde	Par heure
Vent sensible	1,0 mètre	3,600 mètres
Faible brise	2,0	7,200
Vent modéré	5,5	21,000
Jolie brise	7,5	21,000
Vent frais	10,0	36,000
Vent bon	20,0	72,000
Forte brise	22,5	81,000
Grand frais	27,0	97,200
Vent impétueux	36,0	129,600
Tempête	45,0	162,000
Ouragan	50,0	180,000
Cyclone, rotation	66,6	240,000
Vitesse de la rotation du cyclone additionnée avec la translation	83,3	300,000

DROGUERIA Y FARMACIA INGLESA
DE
D. D. CRANWELL
147 - CALLE DE LA VICTORIA - 147
BUENOS AIRES

DEPÓSITO DE SEMILLAS Y PLANTAS
DE VICENTE PELUFFO Y C
PREMIADO con 35 MEDALLAS de 1ª CLASE en varias EXPOSICIONES Argentinas y Extranjeras
201 - CALLE ALSINA, 201. JARDIN, CALLE MÉJICO - 1036
BUENOS AIRES

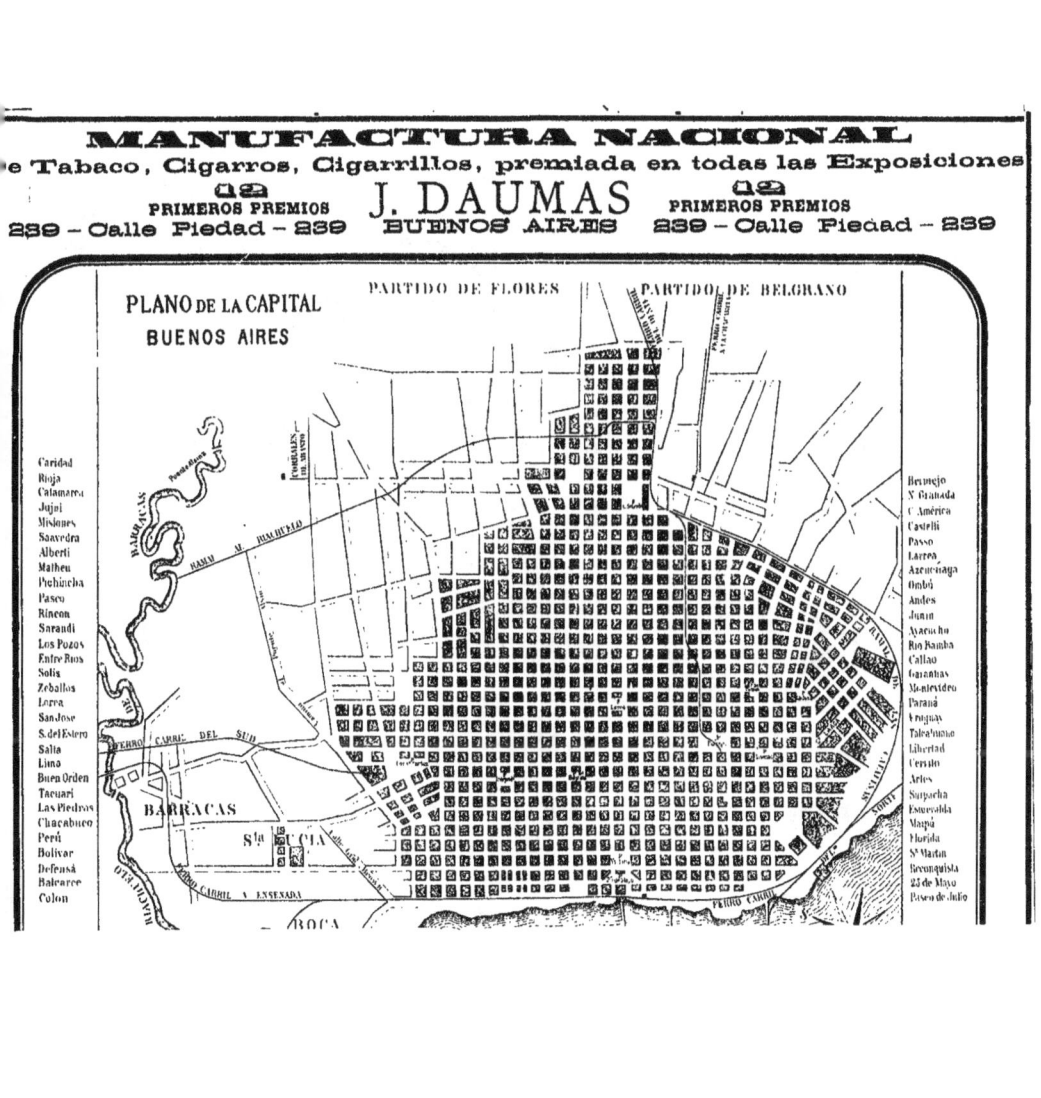

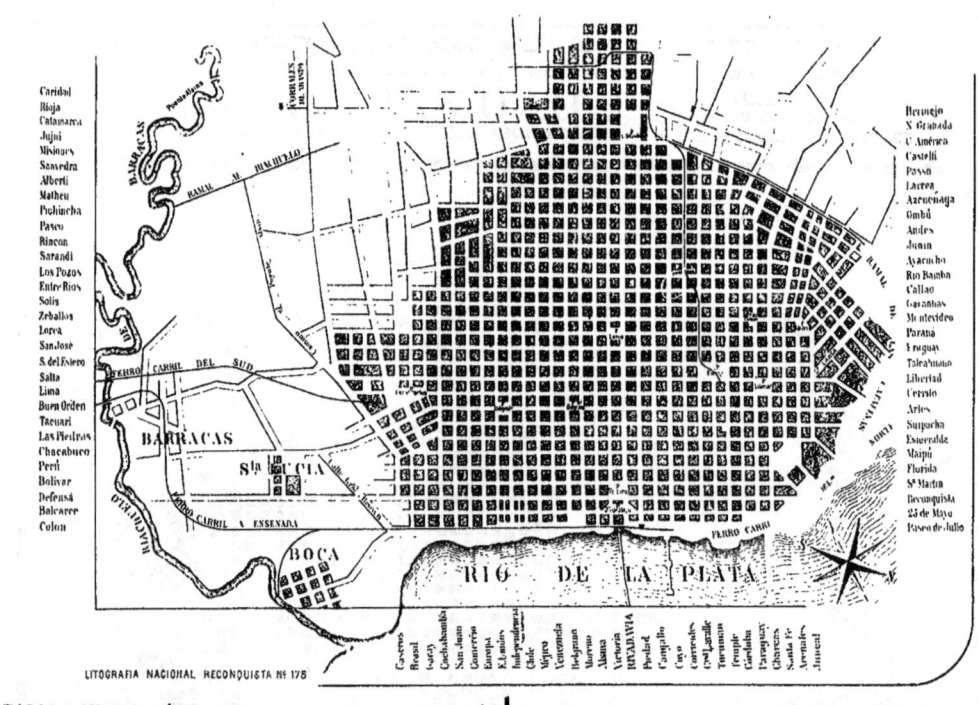

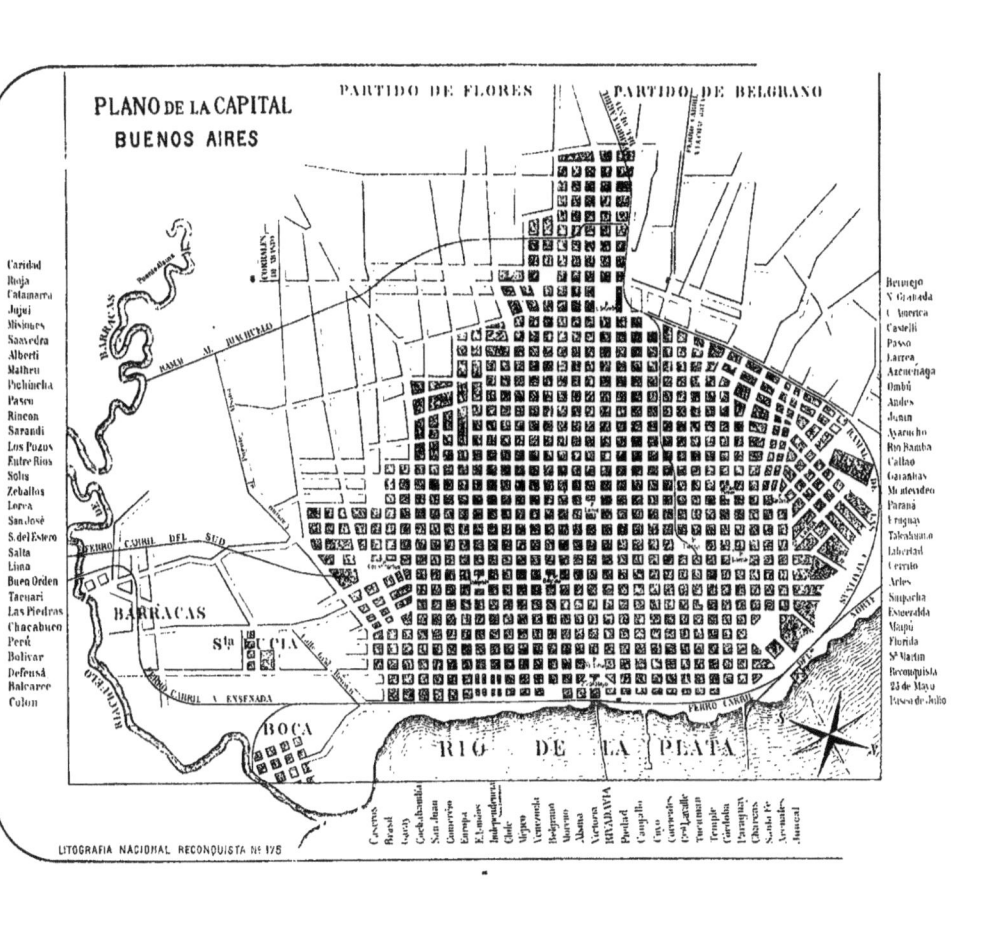

LIBRAIRIE FRANÇAISE

DE

JOSEPH ESCARY

BUÉNOS-AIRES

73 — Calle Victoria — 75

LA LIBRAIRIE FRANÇAISE de **Joseph Escary** s'occupe tout spécialement du service des abonnements aux journaux français et étrangers.

Elle se charge de faire venir de France et de tout autre pays d'Europe, dans le plus bref délai et moyennant une TRÈS MODIQUE COMMISSION, tous les ouvrages qu'on voudra bien lui commander.

LA LIBRAIRIE FRANÇAISE DE JOSEPH ESCARY possède un assortiment très complet d'articles de bureau, qu'elle reçoit directement des principales fabriques de France et d'Angleterre.

Les catalogues des livres écrits en langue française et espagnole sont remis gratuitement aux intéressés.

LIBRAIRIE FRANÇAISE DE JOSEPH ESCARY

73 — Calle Victoria — 75

BUÉNOS-AIRES

LYCÉE FRANÇAIS

(COLLÈGE CHAPSAL)

436 — CALLE PIEDAD — 436

Directeur : J. MILOU
MAITRE SUPÉRIEUR DE LA NATION

Enseignement primaire, secondaire et commercial.

L'enseignement secondaire comprend les six années du Collège National.

Préparation aux examens des Ecoles Normale, Militaire et Navale.

LE FRANÇAIS EST L'IDIOME DU COLLÈGE

L'espagnol et l'anglais sont obligatoires sans augmentation de prix.

DORTOIR VASTE ET BIEN AÉRÉ

PENSIONNAIRES, DEMI-PENSIONNAIRES ET EXTERNES

PAQUEBOTS-POSTE FRANÇAIS
DES
MESSAGERIES MARITIMES

Direction générale à Paris : 1, rue Vignon (boulevard de la Madeleine).

Agence générale de Bordeaux : 19, quai Bacalan.

Les splendides navires à vapeur de cette Compagnie, faisant le service postal de Bordeaux au Brésil et au Rio de la Plata sont les suivants :

| GIRONDE | NIGER | SÉNÉGAL |
| CONGO | ÉQUATEUR | ORÉNOQUE |

Les départs de France sont exactement le 5 et le 20 de chaque mois, et les ports d'escale sont: *Vigo, La Corogne, Lisbonne, Dakar, Pernambuco, Bahia, Rio de Janeiro et Montevideo.*

AGENCE DE BUENOS AIRES
52 — Calle Piedad — 52

M. O. DE MARTRIN DONOS, agent.

M. A. BARRAN, agent au Rosario.

Départs les 8 et 21 de chaque mois.

Les navires du 8 touchent à tous les ports de la ligne; ceux du 21 vont directement de Rio de Janeiro à Dakar.

Il est délivré des billets de première classe, aller et retour, suivant que la cabine est d'avant ou d'arrière, avec 20 ou 25 % de rabais. Les familles de 4 personnes jouissent d'une réduction de 15 % sur le prix des passages de première et de 10 % sur le prix de ceux d'entrepont.

Pour 101 $f., soit 525 francs : passages d'entrepont d'aller et retour, pour Bordeaux. Nourriture confortable, bon vin.

Pour plus complets renseignements, s'adresser à M. O. de MARTRIN DONOS, *agent de la Compagnie à Buenos-Aires, calle Piedad, 52.*

COMMISSIONS ET CONSIGNATIONS  COMMISSIONS ET CONSIGNATIONS

LOUIS U. JACCARD
61 et 63, calle Alsina, 61 et 63
BUENOS AIRES

VIN DE BORDEAUX : Château Latuque.
BITTER SUISSE de Dennler.
ABSINTHE HENNY, la grande marque suisse
En caisses et en fûts. Verte et blanche.
VERMOUTH TURIN, marque D. Bellardi & Cie
CHOCOLAT SUCHARD : Santé et vanillé.
FROMAGES de Gruyère et Emmenthal.
CIGARES VEVEY, marque Ormond & Cie.
CIGARES GRANDSON, marque Vautier frères.
MONTRES OR, ARGENT & NICKEL.
BOITES A MUSIQUE.
MACHINES AGRICOLES.
ARDOISES POUR TOITURES.
VINS DE MENDOZA blancs et rouges.

CALLE ALSINA, 61 & 63, BUENOS AIRES

SOCIÉTÉ GÉNÉRALE
DE
TRANSPORTS MARITIMES A VAPEUR

La flotte de cette importante Compagnie française de navigation, faisant la ligne d'Italie, France et Espagne, au Brésil et au Rio de la Plata, se compose des magnifiques paquebots de première force : LA FRANCE, LA SAVOIE, LE POITOU, LA BOURGOGNE et LE BÉARN, plus deux immenses steamers qui prendront prochainement le service.

Les départs d'Europe pour Buénos Aires ont lieu régulièrement le 14 et le 29 de chaque mois.

Direction Centrale à Paris : *Boulevard Haussmann, 11.*
Direction de Marseille : *Rue des Templiers, 3.*

AGENCE GÉNÉRALE A BUÉNOS-AIRES :
232 — Calle Reconquista — 236

Départs le 3 et le 18 de chaque mois.

PRIX DES PASSAGES DE BUÉNOS-AIRES

	1re classe	2me classe	3me classe
Pour Rio de Janeiro..	40 $f. oro	30 $f. oro	16 $f. oro
Pour Barcelone, Marseille, Gênes, Naples	150 »	120 »	50 »

NOTA. Le *peso fuerte oro* vaut en monnaie française 5 fr. 19.

Les ports où touchent ces paquebots sont : Montevideo, Rio de Janeiro, San Vicente, Gibraltar, Barcelone, Marseille, Gênes et Naples.

Il est délivré à MM. les Italiens des passages pour Gênes et Naples sans qu'il soit besoin d'un passe-port du consul d'Italie.

Les enfants de 3 à 8 ans ne payent que quart de passage, ceux de 8 à 12 demi, et ceux au dessus de 12 ans, passage entier.

Bulletin de passage d'aller et retour avec grandes réductions de prix, ainsi que pour les familles de plus de quatre personnes.

Pour plus amples renseignements, s'adresser aux consignataires, Agents généraux à Buénos-Aires : P. ET E. MATTHEY,

GRANDE
FABRIQUE DE SELLERIE

DE

SANTIAGO ROBIN ET PARIS

MEMBRE
DE L'ACADEMIE NATIONALE DE PARIS

Calle Piedad, 228, Esquina Maipú

GROS ET DÉTAIL

Dans cette maison se trouve constamment le plus grand et plus varié assortiment de HARNAIS à tous les prix, ainsi que tous les articles fins pour voitures.

Selles anglaises de toutes espèces pour les deux sexes.

On reçoit mensuellement les articles de fantaisie et de haute nouveauté se rattachant à ce commerce, des meilleures fabriques d'Europe et des Etats-Unis.

SPÉCIALITÉ D'ARTICLES DE VOYAGE ET
DE HARNACHEMENTS MILITAIRES

Buenos Aires, 228, Piedad, 228, Esquina Maipú

CHARGEURS RÉUNIS
COMPAGNIE FRANÇAISE DE NAVIGATION A VAPEUR

LIGNE BI-MENSUELLE
ENTRE
LE HAVRE, BORDEAUX, LE BRÉSIL ET LA PLATA

Direction générale à Paris : *Rue Lepelletier, 50*
Direction au Havre : *Boulevard de Strasbourg, 191*

FLOTTE DES CHARGEURS RÉUNIS

Dom Pedro, Pampa, Porteña, Paraná, Uruguay, Rio-Negro.

Ville-de-Buénos-Aires, Ville-de-Montevideo, Ville-de-San-Nicolas, Ville-de-Rosario (Navires du Havre au Rio de la Plata et remontant le Paraná jusqu'au Rosario).

Belgrano, San-Martin, Henri IV, Sully, Ville-de-Santos, Ville-de-Rio-de-Janeiro, Ville-de-Bahia, Ville-de-Pernambuco (Navires n'allant que du Havre sur les côtes du Brésil).

AGENT GÉNÉRAL DANS LE RIO DE LA PLATA
P. CHRISTOPHERSEN

A Buénos-Aires.... *Calle Piedad, 98.*
A Montevideo...... *Calle Zavala, 5.*
Au Rosario........ *Calle del Puerto, 35.*
A San Nicolas...... *Calle del Puerto.*

Les six premiers de ces magnifiques steamers vont la plupart du temps en droiture de Montevideo sur le Havre en ne touchant qu'à Rio de Janeiro et à Santa Cruz de Ténériffe.

Le prix des passages de première classe arrière est de 130 $f. or, soit à peu près 675 fr. et celui d'avant : 50 $f. Bonne nourriture, vin et café.

Grandes réductions sur les passages aller et retour ainsi que sur ceux de famille de plus de 4 personnes.

Pour plus de renseignements s'adresser à l'agent général
Calle Piedad, 98, Buénos Aires

MAISON D'IMPORTATION
PAPIERS, ENCRES, ARTICLES DE BUREAU
GROS ET DÉTAIL
LÉON RIGOLLEAU
185, CALLE RIVADAVIA, 185

Grande fabrique d'encre LA AMERICANA

FÁBRICA DE TINTAS
LA "AMERICANA"

MEDALLA DE ORO — PARIS, 1882.
PRIMER PREMIO — BUENOS AIRES, 1882.

NEGRA INSTANTANEA,
VIOLETA,
AZUL,
ENCARNADA.

COMUNICATIVA DANDO VARIAS COPIAS, 3 MESES DESPUES DE HABER ESCRITO.

LEON RIGOLLEAU
BUENOS AIRES

Encre médaillée à l'Exposition Continentale de 1882

Médaille d'or, Paris, 1882. — Maison française fondée en 1866.
185, CALLE RIVADAVIA, 185, BUENOS AIRES

BANQUE D'ITALIE
ET
RIO DE LA PLATA
BUENOS AIRES
84 à 96 — Calle Piedad — 84 à 96

Capital effectif.. .... $f. 1.500.000 or.
Fonds de réserve ordinaire............ »   100.000 or.

Depuis le 1er janvier jusqu'à nouvelle résolution, le taux de l'intérêt est fixé comme suit :

LA BANQUE PAIE

Pour les dépôts particuliers en compte courant à vue { en $m/c 3 % par an / en or... 2 % par an

A terme fixe de 30 jours.............. { en $m/c 4 % par an / en or... 3 % par an

Pour les dépôts à terme fixe de 60 à 90 jours { en $m/c 5 % par an / en or... 4 % par an

ELLE PERÇOIT

Pour avances en compte courant en or et en monnaie courante...................... 10 % par an
Escompte de lettres de change, billets et autres documents........................ conventionnel

TRAITES ET LETTRES DE CRÉDIT

Sur Londres, France, Belgique et les principales villes d'Italie. — Sur Valparaiso, Rosario, Córdoba, Mendoza, San Juan, Tucuman, Paraná, Montevideo et Rio de Janeiro.

MANDATS DE POSTE

La Banque se charge de faire payer quelle que soit la somme à présentation d'un mandat délivré à Buenos Aires et payable dans les bureaux de poste de toutes les villes et villages des provinces méridionales d'Italie.

HEURES DE BUREAU :

Depuis 10 heures du matin jusqu'à 4 heures de l'après midi, et les samedis jusqu'à 5 heures.

S. POLLININI, *Gérant.*

MAISON D'INTRODUCTION

TAVERNE & FOURCADE

IMPORTATEURS A BUÉNOS-AIRES

94 — CALLE ESMERALDA — 96

Cette maison reçoit directement des meilleurs fabricants de France tous les produits en conserves, tels que : **Légumes, Truffes, Fruits, Gibier, Foie-Gras, Sardines**, etc., etc., ainsi que toutes les substances alimentaires, dont elle garantit l'authenticité des marques.

GRAND DÉPOT
DE
VINS FINS DES CRUS LES PLUS RÉPUTÉS

VINS DE TABLE D'EXCELLENTE QUALITÉ

LIQUEURS, RHUM, ABSINTHE, BITTER, FRUITS A L'EAU-DE-VIE, ETC., ETC. — COGNAC ET FINE CHAMPAGNE

Vente à la commission et consignation de toutes marchandises.

94 — Calle Esmeralda — 96

Communication par le Pantéléphone : N° 365

BUREAU CENTRAL

DE VENTES ET ACHATS DE

TERRES PUBLIQUES

ET PARTICULIÈRES

68, CALLE PIEDAD, 68, BUÉNOS-AIRES

———❧✰☙———

Collection complète de cartes géographiques et plans de toutes terres disponibles dans la République Argentine.

———

Le bureau se charge de faire toutes les démarches pour obtenir la propriété de terres publiques de la Nation ou des Provinces.

———

68 — CALLE PIEDAD — 68

J, VINAY & Cie

367 — Calle Piedad, Buénos-Aires — 367

Maison importatrice de Vins fins, Cognacs, Liqueurs et Absinthe

(Marques exclusives à la Maison)

Spécialité de vins blancs en barriques

Seuls Importateurs de l'ABSINTHE RECTIFIÉE

DE

A. DUTRUC FILS & Cie

L'unique reconnue inoffensive et de bon goût

MAISON D'INTRODUCTION

FABRIQUE DE MIROIRS & DE CADRES

DE

E. GALLI & Cie

124, 126, 128 — Calle Florida — 124, 126, 128

Buénos-Aires

Médaille d'or: Exposition industrielle, Exposition italienne, Exposition scientifique et Exposition française.

Glaces françaises de St-Gobain
Cristaux et verrerie, Galeries, Baguettes
Gravures, Estampes, Chromolithographies et Tableaux
Papiers peints
Meubles Boul, Articles de fantaisie, etc., etc.

ATELIER D'ARGENTURE ET DE BISEAUTAGE DES GLACES

ATELIER DE DORURE

PORTALIS Frères, CARBONNIER & Cie

70, calle San Martin, 70

AGENTS DE LA COMPAGNIE DE FIVES-LILLE

(FRANCE)

Machines et appareils perfectionnés selon les systèmes les plus nouveaux pour usines à sucre.

Matériel de chemin de fer et machines pour installations industrielles.

GRANDS ENTREPOTS

DE FER, CHARBON,
FILS POUR CLOTURE EN FER ET EN ACIER
ET TOUS ARTICLES DE CONSTRUCTION

133 — CALLE MONTEVIDEO — 133

ET

745 — CALLE RIVADAVIA — 747

BUENOS AIRES

ANCIENNE MAISON CORTESSE

GRAN PERFUMERIA

y

PELUQUERIA UNIVERSAL

GRANDE PARFUMERIE UNIVERSELLE

MAISON FRANÇAISE DE COIFFURE

LOUIS GURY

BUENOS AIRES

Vastes salons avec brosses mécaniques de Lemouland

Parfumeries françaises, anglaises et nord-américaines. Marques les plus réputées et authentiques de Lubin, Pinaud, Piver, Guerlain, etc.; Rimmel, Atkinson, Gossnell, etc. Brosserie de première qualité.

Spécialité d'articles de fantaisie en cuir de Russie; cravates; jeux de boutons; cannes; parapluies, etc., etc.

39 — CALLE FLORIDA — 39

Entre Piedad et Rivadavia

MAISON D'INTRODUCTION
L. BIU
209 — Calle Rivadavia — 209
BUENOS AIRES

Maison à Bordeaux : rue Notre-Dame, 105

VINS DE BORDEAUX

Château-Laffitte, Château-Léoville, Château-Margaux, Château-Larose, Château-Giscours, Saint-Emilion, Saint-Julien, Pontet-Canet, Pauillac, Château-Yquem, etc.

GRANDS VINS DE BOURGOGNE
Authenticité garantie. En caisses

Chambertin, Romanée, Corton, Nuits, Pommard, Beaune, Volnay, Richebourg, Nuits mousseux, Chablis, Meursault, Mercurey, Mâcon, Santenay, Chassagne, Beaujolais, Corton mousseux.

EAU-DE-VIE DE MARC — CASSIS DE BOURGOGNE

CHAMPAGNE : MERCIER & Cie; J. P. LEBÉGUE

La consommation, dans ce pays, ayant augmenté considérablement, il s'est introduit dans cette branche de commerce des produits falsifiés, souvent dangereux, et toujours préjudiciables à la santé.

La Maison **L. BIU** offre à ses consommateurs toutes les garanties contre de pareils abus : ses vins sont les meilleurs que l'on puisse rencontrer sur tous les marchés de la République Argentine.

Excellent vin ordinaire à 75 piastres (16 fr.) les douze litres rendus à domicile

HESPERIDINA

—•→»»○«‹←•—

Cette liqueur, faite avec des oranges amères, fruits très abondants dans les îles du Rio de la Plata, du Paraná et du Paraguay, est aujourd'hui la boisson favorite des personnes de goût.

Bon nombre de fins dégustateurs ont envoyé cette délicate liqueur, si justement célèbre dans l'Amérique du Sud, à leurs amis, en Europe, comme échantillon de l'un des meilleurs produits élaborés à Buénos-Aires.

Les propriétés tonique et apéritive de l'HESPERIDINA ont d'ailleurs été constatées dans divers rapports des savants docteurs Guimaraes et Wilde.

Goûtez de l'HESPERIDINA et vous en serez convaincus !

SEULS FABRICANTS

M. S. BAGLEY & Cie

18 Médailles et Récompenses
pour la supériorité de leurs produits
dans plusieurs Expositions

887 — CALLE VICTORIA — 887

BUENOS AIRES

DROGUERIA Y BOTICA DEL PUEBLO

DROGUERIE ET PHARMACIE FRANÇAISES

MEDAILLE D'OR, Exposition Continentale de 1882.

187, CALLE RIVADAVIA, 189

Cet établissement modèle est un des plus anciens de Buénos-Aires. Ses relations avec les principales maisons du globe en ont fait, en quelque sorte, le dépôt général des spécialités les plus accréditées : françaises, anglaises, américaines et italiennes.

Des traités spéciaux, passés avec les Compagnies fermières des eaux minérales françaises et étrangères, garantissent au public l'authenticité de l'étiquette.

Pour répondre aux exigences industrielles et commerciales, le laboratoire, sous la direction de M. FOLLET, *pharmacien de première classe de l'Ecole de Paris*, est chargé des essais de minerais, de métaux précieux, produits alimentaires, tissus, etc., etc.

187, CALLE RIVADAVIA, 189

BUÉNOS-AIRES

FABRIQUE A VAPEUR
DE

BONBONS, CONFITURES
PASTILLES & CARAMELS

Seule maison ayant obtenu la Médaille d'Or de l'Académie Nationale de Paris.

MÉDAILLE D'OR A L'EXPOSITION CONTINENTALE

BENITO NOËL

Spécialités pour Droguistes

Pastilles médicinales. — Pastilles et boules de gomme. — Pastilles de menthe et à la rose. — Pastilles anglaises fortes. — Pastilles et bâtons de réglisse. — Sucre candi.

Spécialités pour confiseurs et épiciers

Confitures sèches et gelées. — Grand assortiment de dragées et bonbons fins et demi-fins. — Confiture et gelée de coings. — Confiture et gelée de pommes. — Nougat, essences, etc.

485 — Calle Defensa — 487
ESQUINA Á EUROPA

BANCO HIPOTECARIO

BUENOS AIRES

112 — Calle San Martin — 112

BANQUE HYPOTHÉCAIRE

Les bureaux de la banque Hypothécaire sont ouverts au public tous les jours ouvrables de dix heures du matin à quatre heures du soir.

Elle prête sur hypothèque avec remboursement à longue échéance.

Elle délivre pour la valeur du prêt des cédules hypothécaires qui donnent un intérêt égal à celui que perçoit la Banque.

La valeur de l'immeuble hypothécaire ne peut être moindre de $f. 2000 et le prêt moindre de $f. 500.

Les prêts hypothécaires ne peuvent excéder la moitié de la valeur de l'immeuble.

L'intéressé s'engage à payer une annuité pendant toute la durée du contrat. Cette annuité comprend l'intérêt du capital versé, la somme destinée à l'amortissement et la commission de la Banque.

L'annuité se divise en trimestres, et les cédules, présentement émises par l'établissement, calle San Martin, 112, ont:

Série E.

Durée 23 ans 100 jours, 6 % d'intérêt, 2 % d'amortissement et 1 % de commission.

Les annuités convenues étant payées pendant toute la durée du contrat, l'hypothèque est rachetée et le débiteur est libre de toute obligation envers la Banque.

Le débiteur peut libérer son immeuble en tout ou en partie avant la fin du contrat.

Celui qui désire obtenir un prêt de la Banque fera une demande par écrit, désignant l'immeuble offert en hypothèque, d'une façon précise et en y ajoutant les titres de propriété, les bulletins de contribution directe et faisant connaître en même temps la superficie de l'immeuble et les charges qui cesseront au moment du prêt hypothécaire.

On trouvera au secrétariat le formulaire et les tables d'amortissement.

www.ingramcontent.com/pod-product-compliance
Lightning Source LLC
Chambersburg PA
CBHW070512100426
42743CB00010B/1811